大学4年間の

地政学

が

10時間

で

ざっと

学べる

一橋大学大学院
社会学研究科教授 **福富 満久**

JN037463

はじめに

禁断の学問

　地政学は、地理的な条件が国家に与える政治的、軍事的、経済的な影響を学際的に研究する学問です。陸続きのヨーロッパで地政学は、第一次世界大戦前後から国家戦略を構築していく上でとりわけ重要視されてきました。ところが地政学は、ナチスドイツや日本軍によって戦争遂行のための戦略立案に利用されたことから、戦後、日本の大学では、現代世界で今もなお止むことのない戦争の原因や影響をより深く知る必要があるのに、戦争や戦略に偏り過ぎているとして、「禁断の学問」と忌避されてきたのです。そのため地政学の授業は開講されず、ましてや地政学を講じられる教員もおらず、国際政治学や紛争・平和学の一部分として論じられてきたのでした。

　かくいう私も早稲田大学エクステンションセンターで受け持っている社会人向け講座や市民講座で「地政学」と冠した講座を数多く担当してきましたが、大学や大学院では、受け持っている「国際平和論」「国際正義論」や「国際政治・平和研究」ならびに「国際政治・紛争研究」で一部を論じるだけで終始してきました。

　ところが日本以外では多くの国で、それも世界的に有名な大学で開講されています。欧米では、私がシニア・フェローとして在外研究をしていたロンドン大学キングス・カレッジの戦争学研究科（世界で唯一戦争学の名を冠した研究科です）や、私の友人が学院長をしているオーストラリアのウォーカレッジでは、地政学が普通に教えられています。多くの国が相変わらず戦争を続けている現代において、長い人類の歴史と人間の生活の基盤である地理を軸に、何が問題となっているのかを知るには地政学を知ることが一番だからです。

本書の構成と読み方

そこで本書を日本の大学にはない「（海外の一流）大学の4年間で学ぶ地政学」と位置付け、現代の様々な問題や人類が直面する課題、リスクや危機というものをより鋭敏に感じてもらえるように、地政学と覇権のダイナミクスを歴史的・空間的に認識できるようにしました。

まず地政学の習得に必要な様々な分析視角を理解してもらうべく「地政学の基礎」、その次に、近代の世界秩序を構築したイギリスに注目して「パックス・ブリタニカの地政学」について講じました。その後、世界のリーダーとなったアメリカに焦点を合わせて「パックス・アメリカーナの地政学」、そして現代の最新の潮流である中国、ロシア、新興国を軸に「パックス・シニカ / パックス・ロシアーナ / 新興国の地政学」、そして私たちが住む日本を中心に「パックス・アシアーナの地政学と日本」を論じました。最後に現代の世界で起きている紛争を知るためにとても重要な「世界の紛争と経済戦争の地政学」を説明して、これまでの世界の動きを包括的に理解できるようにしました。なお、パックスとは「〜による平和 / 〜の平和」を意味するラテン語です。

地政学は、地理学、国際政治学を中心に、軍事学、経済学、歴史学、人口学など様々な知識が求められる学際的な学問であり、マスターするとなると大変な時間と労力を必要とします。しかし、それもこの学問の魅力の一つです。

「（海外の一流）大学の4年間で学ぶ地政学」と筆者自らうたっているわけですから、世界各国の一流の戦略家の中で通用している最新の理論や考え、一流の大学や大学院で教えられている内容を盛り込んでいることはいうまでもありません。地政学と日本の問題を学びたい場合は第5章「パックス・アシアーナの地政学と日本」から、最新の国際問題から地政学を読み解きたい場合は、第6章「世界の紛争と経済戦争の地政学」から読んでもらえるとよいと思います。

今、世界では多くの戦争が起き、罪のない多くの子供たちや人々が命を落としています。戦争と戦略の考察を通じて、平和の均衡がいかに尊いものであるのか、本書を手にしてくださった皆さんの理解の一助となれば、筆者としてこれに勝る喜びはありません。

　戦下のウクライナとガザの子供たち、飢餓に苦しむイエメンやロヒンギャの子供たち、その他、大人が行っている争いのせいで苦難にある世界中の多くの子供たちに、平和が1日でも早く訪れることを心から願いながら……。

福富　満久

一橋大学大学院社会学研究科教授
（国際政治学・国際関係論・国際正義論）
英国王立地理学会フェロー（地政学）

CONTENTS

③ パックス・アメリカーナの地政学

4 パックス・シニカ／ パックス・ロシアーナ／ 新興国の地政学

第 1 章

地政学の基礎

▶ 01　世界を支配するための要衝

ハートランドとは？

　イギリスが海洋覇権を確立した19世紀後半に登場したオックスフォード大学教授で、後に保守党の政治家になった**ハルフォード・マッキンダー**は**「地政学の祖」**と呼ばれます。彼を一躍有名にした「東欧を支配する者はハートランドを制し、ハートランドを制する者は世界島を制し、世界島を支配する者は世界を制する」という言葉は、彼が1919年に著した『デモクラシーの理想と現実』の中の一節です。この本の最大のテーマは第一次世界大戦を引き起こしたバルカン半島の分割とオスマン帝国の解体であり、大国化するロシアとドイツに対しイギリスはいかに対応したらよいのか、というものでした。マッキンダーは**ヨーロッパ諸国がロシアを押しのけ、東欧・バルカン半島からコーカサス（＝ハートランド）の方まで支配を確立することが20世紀の国際政治では重要**だと考えていたのです。マッキンダーは、1904年に「地理学から見た歴史の回転軸」という論文で、ユーラシアに鎮座するロシア帝国の領域を中心領域（Pivot Area）とし、外周を半月弧と表示してその境目の不安定な領域で紛争が起きると述べました。1943年には「丸い世界と平和の勝利」という論文で、ランドパワーのロシアとドイツがせめぎ合わざるを得ない地政学的現実を論じて高い評価を得ました。第一次世界大戦、第二次世界大戦とも彼の分析通りになったからです。戦後、アメリカとソ連が同じように東欧での覇権争いを繰り広げることになり、そのことで彼の名声はますます高まりますが、ロシアがハートランドを制することになるとは考えていなかったようです。

30 秒でわかる！ ポイント

ユーラシア大陸の中心領域（＝ハートランド）

ハルフォード・マッキンダー

「東欧を支配する者はハートランドを制し、ハートランドを制する者は世界島を制し、世界島を支配する者は世界を制する」

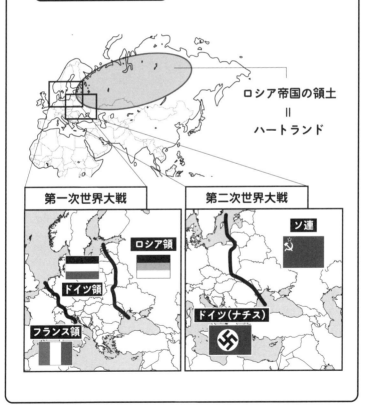

ロシア帝国の領土
＝
ハートランド

第一次世界大戦

ロシア領

ドイツ領

フランス領

第二次世界大戦

ソ連

ドイツ（ナチス）

▶ 02　内陸国か海洋国か

ランドパワー/シーパワーとは？

　古代から前近代にかけて人間は、河川から内海へ、内海から海洋へとその営みを広げてきたといわれます。人類史上で最初に起きた**4つの文明**（メソポタミア・エジプト・インダス・中国）はいずれもチグリス川とユーフラテス川、ナイル川、インダス川、黄河などの沿岸地帯に興ったものでした。その後、内海の地中海を中心とした中世の時代になり、海上貿易を支配して巨万の富を築いたヴェネチア共和国やスペインとヴェネチアの連合艦隊を破ったオスマン帝国が栄華を誇りました。そしてアメリカ大陸に到達し、地球を一周する航海が達成された海洋の段階へと入るのです。

　近代に入ると人間は、国家という装いを得て、「ランドパワー」と「シーパワー」の間での覇権争いになります。ランドパワーとは内陸部に位置する国々で、主に鉄道・道路網を整備し陸軍力の増強による国力の拡大を図る国家を指します。**ランドパワー**には、ロシアや中国、ドイツなどが該当します。シーパワーとは海洋に囲まれた国々で、主に造船技術や海外植民地の強化、海軍力の増強による国力の拡大を図る国家を指します。**シーパワー**には、イギリスや日本、アメリカなどが該当します。16世紀頃から大航海時代に入りますが、世界史を振り返るとポルトガル、スペイン、オランダ、イギリス、アメリカなどのシーパワーが優位な地位を築いてきました。ロシアとドイツが覇権を握れず、シーパワーが勝利したのは、土地の専有には限りがありますが、海の専有には限りがなく、世界中に貿易拠点や軍事拠点を置き、大きな影響力を持つことができたからです。

30秒でわかる！ ポイント

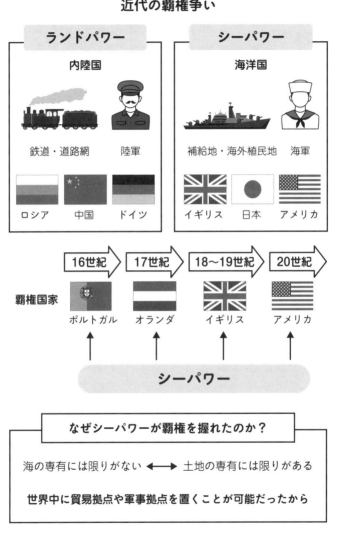

近代の覇権争い

ランドパワー

内陸国

鉄道・道路網　　陸軍

ロシア　　中国　　ドイツ

シーパワー

海洋国

補給地・海外植民地　　海軍

イギリス　　日本　　アメリカ

覇権国家

16世紀 ＞ 17世紀 ＞ 18〜19世紀 ＞ 20世紀

ポルトガル　　オランダ　　イギリス　　アメリカ

シーパワー

なぜシーパワーが覇権を握れたのか？

海の専有には限りがない ◆━━▶ 土地の専有には限りがある

世界中に貿易拠点や軍事拠点を置くことが可能だったから

▶ 03　海洋支配の重要性

シーレーン/
チョークポイント
とは？

　シーパワーとして世界を最初に支配したのはイギリスでした。シーパワーとは海洋覇権とも訳されますが、海軍力を指し示す**ネイヴァルパワー**とは異なります。単に軍事力にとどまらず、海運力、またその拠点として必要な海外基地や植民地をも包含した概念だからです。『海上権力史論』（1890年）を書いて名声を博した米海軍出身の歴史家・戦略家の**アルフレッド・マハン**は、海洋は、広大な共有地ですが、踏み固められた通り道**「シーレーン」**があり、それを使えば陸路よりも通商が安価になり、さらに海上での戦略的要衝をおさえると軍事的にも優位になると指摘しました。この戦略的要衝を地政学では**「チョークポイント」**と呼びます。チョークポイントは防衛や攻撃をする上で大切なポイントになる狭い水路の海峡や運河などが該当します。有事の際にはここをおさえることで敵国の物流を止め、経済に打撃を与えることができます。なお、マハンは、パナマ運河ができればスエズ運河を支配したイギリスが海洋覇権を握ったのと同じように、アメリカは太平洋と大西洋をまたにかけ、世界を支配することができ、強力なシーパワーになると予測していました。その予測通り、現在アメリカは世界最大のシーパワーとしてチョークポイントに多くの人員を配置し覇権を維持しています。マハンは他にも、地勢的形態（湾口に富む海岸線）、領土の規模（資源と富を供給できる領土的基盤）、人口（必要な船員を供給できる人口的基盤）、国民性（海洋的志向）、政府の性格（挑戦的な海洋政策を推進できる政府形態）も重要だとしています。

30秒でわかる! ポイント

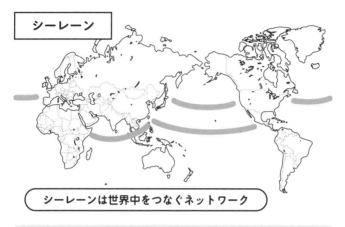

海上での戦略的要衝

シーレーン

シーレーンは世界中をつなぐネットワーク

世界の主要なチョークポイント

イギリス海峡

スエズ運河

パナマ運河

台湾海峡

マラッカ海峡

ジブラルタル海峡

マゼラン海峡

チョークポイント

防衛や攻撃の際にポイントとなる狭い海峡や運河

⟶ 有事の際にはここをおさえると
敵国の物流を止め、経済に打撃を与えることができる

▶ 04 不安定性の発生源

シャッターベルト /
リムランドとは？

シャッターベルトとは、shatter＝粉々になる、叩き割るという語源から、非常に細分化され、紛争が発生しやすい地域のことを指します。シャッターベルトは、周辺地域に不安を広げ、国際貿易や通商の流れを混乱させる可能性のある「不安定性の発生源」でもあります。

シャッターベルトは、大国が従属国や代理勢力を通じて優位性を競ったり（代理戦争）、逆に攻撃的な地域が大国に介入を要請したり援助を求めたりして現状（できれば安定）を維持しようとしたりする地政学的領域を指します。中東、東欧、バルカン半島、コーカサス地域、東南アジア、中央アジア、アフリカ西部、東部、中南部なども
シャッターベルトであり、歴史的にも戦争が多発してきました。これらの地域の多くが植民地や帝国の崩壊後の細分化を経験しており、細分化されたゆえ、現代でも旧宗主国に政治的・経済的に従属している場合があります。「世界の紛争と経済戦争の地政学」の章で説明するナゴルノ・カラバフやチェチェン、ソマリアなどはその典型です。

アメリカの地政学者**ニコラス・スパイクマン**は、ハートランドに対して周辺部を**「リムランド」**と名付け、ランドパワーとシーパワーの間に紛争が多いことから、リムランドこそ最も重要な地政学的地域であると主張しました。スパイクマンは、リムランドを支配するために押さえるべき海の要衝をマージナル・シーと呼びましたが、リムランドは、細分化されており、シャッターベルトと考えることもできます。ハートランドとリムランドをマクロ理論と位置付けるとすれば、シャッターベルトはミクロ理論だと理解するとよいでしょう。

30秒でわかる！ポイント

戦争が多発する地域の特徴

> シャッターベルト

⟶ 非常に細分化され、紛争が発生しやすい
「不安定性の発生源」

中東

東欧

バルカン半島

アフリカ西部
など

ニコラス・スパイクマン

> ランドパワーとシーパワーの間に紛争が多いことから、リムランドこそ最も重要な地政学的地域である

ハートランド

リムランド

リムランド：重要な地政学的地域

▶ 05　緩衝か、代理戦争か

バッファゾーンとは？

地政学の
基礎概念⑤

　地政学では対立する比較的大きな国家の間に挟まれた小国や中立地帯、海、河川、砂漠、山脈などの緩衝地帯を「**バッファゾーン**」と呼びます。敵対する国家同士が隣接していると、衝突の危険性が増しますが、バッファゾーンがあることによって衝突の危険性が軽減されると考えられています。これを地政学では「**隣接性の効果**」と呼びます。実際にこのことは国際政治の現代計量分析でも明らかにされていて、多くの戦争は隣国同士で行われることが多いのです。実際第一次世界大戦、第二次世界大戦、イラン・イラク戦争、湾岸戦争、ユーゴスラビア紛争、その他アフリカでの様々な戦争の多くは、隣接した国同士で起きています。他方、バッファゾーンでは大国同士の代理戦争が起きやすいという一面があります。現代のウクライナ危機は、アメリカ・EU 対ロシアのバッファゾーンであったウクライナで起きていることも注意が必要です。このバッファゾーンが細分化されるとシャッターベルトになります。その場合、大国が従属国や代理勢力を通じて優位性を競うなどするので、逆効果になることもあります。

　このバッファゾーンに守られたのがイギリスと日本でした。イギリスは、フランスとドイツが戦争をして体力がそがれるのを見ているだけでよかったのです。日本も大陸と海を隔てて位置するために、ソ連は攻めてくることができませんでした。陸続きであれば、北朝鮮のような運命を辿っていたかもしれません。なお、現代国際政治のリアリズムでは、陸軍力を特に重視します。なぜかというと、相手の土地を征服して支配する際に最も重要な軍事力だからです。

30 秒でわかる！ ポイント

日本とイギリスはバッファゾーンに守られた

> バッファゾーン

比較的大きな国の間に挟まれた砂漠や海や河川

⟶ 衝突の危険を軽減

ウクライナは
アメリカ・EU 対ロシア
のバッファゾーン

⬇

ウクライナ危機

⟶ バッファゾーンでは
大国同士の代理戦争
が起きやすい

▶ 06 大国は常に正しいか

生存圏/勢力圏とは？

　ドイツの**地政学（Geopolitik：ドイツ語で地政学の意）**の父としても知られる、**カール・ハウスホーファー**は、国民に空間と資源を提供することが国家の権利であり義務であると考えていました。ハウスホーファーは、国家が自給自足を行うために必要な政治的支配が及ぶ領土をレーベンスラウム（Lebensraum）、すなわち**「生存圏」**と呼びました。彼は大国と小国では人口増加率も異なり、国家間の軋轢（戦争）を結果的に引き起こすことになるため、小国は予めドイツの秩序に組み込まれるべきであると主張しました。関税引き上げによる閉鎖経済・ブロック経済の導入や、重要な地理的領域の戦略的管理も唱えました。こうした彼の考えを取り入れたのが「ナチス」でした。ときおり「生存圏」ではなく、**「勢力圏」**という表現がなされますが、意味はほとんど同じです。大国は常に正しいという考えが根底にあったのです。

　なお、カール・ハウスホーファーは、1898年、陸軍士官学校を卒業して士官として軍に勤務の後、1908年（明治41年）から1910年（明治43年）まで、駐日ドイツ大使館付武官として勤務しました。戦後にミュンヘン大学で大学教授資格を取得し、1921年に同大学の地理学教授となります。教え子にはルドルフ・ヘス（ナチ党副総統）もいて、ナチスドイツの躍進に貢献したと評されます。ただし、直接的に戦争に関与していたわけではないため戦後戦争犯罪人として起訴はされませんでした。日本で勤務した経験からアジア太平洋の地政学の著作も多く、彼が交流していた在ドイツ日本大使館付武官を通じて地政学を日本に広めたと考えられています。軍国日本が唱えた「大東亜共栄圏」もドイツ地政学の影響を受けた考えでした。

30秒でわかる! ポイント

ナチスが採用した勢力圏(生存圏)

国民に空間と資源を提供することが国家の権利であり義務である

カール・ハウスホーファー

国家が自給自足を行うために必要な政治的支配が及ぶ領土である「生存圏」の概念を提唱

 大国 vs. 小国

大国と小国はいずれも軋轢を引き起こす

小国は予めドイツの秩序に組み込み、大国ドイツの「生存圏」にするべきだ!

この考え方を取り入れた「ナチス」が、国外へと勢力を拡大させた

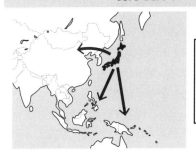

軍国日本による「大東亜共栄圏」も「生存圏」の影響を受けた考えだった

批判地政学とは？

地政学の
基礎概念⑦

　人類は他者を味方につけて影響力を得るために、様々な取り組みを行ってきました。その方法は大きく5つに分類することができます。**説得**、**買収**、**取引**、**威嚇**、**強制**です。自由と個人の尊厳が重んじられる社会では、強制よりも説得などの話し合いに重きが置かれ、威嚇したり強制力を行使することは著しく制限されるでしょう。ところが国際社会では、自由と個人の尊厳（人権）が必ずしも重んじられているわけではありません。そのため、国家は武力をもって脅しや強制を試みる場合が出てきます。したがって、望む結果を生み出すために使える資源を有する国、すなわち**人口**、**国土**、**天然資源**、**経済力**、**軍事力**、**社会の安定**などで比較優位にある国が力を持つことになります。ですが、問題は、資源を有し、強い力に恵まれた国が自分の望む結果を必ず得られるとは限らないということです。マイアミから150キロと目と鼻の先にあるキューバの共産主義体制をアメリカは転覆させることができませんでした。ベトナムにも敗北しています。そのため、自らが望む結果を得たいのであれば、しっかりと組み立てられた戦略と巧みな外交が重要になってくるのです。

　ところで「地政学」が切り取る世界は、極めて権力的です。したがって古典地政学に隠されている権力との関係を暴こうとする**「批判地政学」**も存在します。**ランドパワー / シーパワー**、**ハートランド / リムランド**という言葉や概念は、全て権力が刷り込まれた二分法だからです。地政学は誤解を恐れずにいえば、権力を好む学問分野です。人間がどのように世界に挑み、戦略を構築してきたのかを知るためのものだからです。

権力との関係を暴こうとする批判地政学

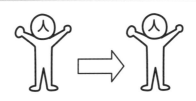

| 人類 | が他者を味方につけて影響力を持つための取り組み

① 説得　② 買収　③ 取引　④ 威嚇　⑤ 強制

——→ 強制力を行使することには制限がある

ソフト　　　　　　　　　　　　　　　　　ハード

| 国家 | が別の国家に対して望む結果を得たい時

——→ 武力による脅しや強制を試みる場合がある

しかし、資源を有し、強い力に恵まれた、比較優位にある国が
自分の望む結果を必ず得られるとは限らない

望む結果を得るためには戦略と巧みな外交が重要になる

▶ 08 国家間の均衡をもたらす行動

勢力均衡政策/
脅威均衡論とは？

　成長する国家を抑制することを目的とした**勢力均衡政策（バランス・オブ・パワー）**は、昔から国際政治の基本戦略でした。善悪を見極めるより勢力均衡を図った方がより簡単に安全を手に入れることができると考えられてきたからです。ところが均衡を維持するためには、隣国のパワーや成長度合い、また侵略の意図を把握するだけでなく、遠く離れた国に対してもバランサーとしての行動を働きかけなければなりません。問題は、バランスのとれた勢力均衡にするためには、相手のパワーを常に的確に測る必要があるということです。その意味で、二度の世界大戦や冷戦初期の国家の対外行動は、人間に特有の権力欲や支配欲と同様の原理によって決まるとする考えが土台にあったのです。

　ところが国際政治学者**ケネス・ウォルツ**は、権力欲に根差した攻撃的行動からではなく、恐怖に対する防衛的行動こそが、勢力均衡をもたらすと論じてこれまでの考えに一石を投じます。これを**脅威均衡論（バランス・オブ・スレット）**と呼びます。その考えを引き継いだ国際政治学者**スティーヴン・ウォルト**は、台頭する国家が①**集積されたパワー**、②**隣接性**、③**攻撃力**、④**攻撃的意図**の４要因をより多く持っていると見なされるほど、周辺国家はバランシング、つまり均衡行動をとる傾向があると論じたのでした。では、均衡行動にはどのようなものがあるでしょうか。一つは、**外的バランシング（external balancing）**といって、同盟を形成することを目指すやり方、もう一つは**内的バランシング（internal balancing）**といって自国の軍事力強化を図ることを目指すやり方があります。

30秒でわかる! ポイント

成長する国家は抑制される

勢力均衡政策

勢力均衡を図ることで安全を手に入れられるとする考え方

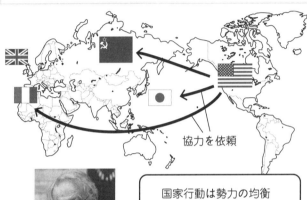

協力を依頼

ケネス・ウォルツ

> 国家行動は勢力の均衡
> を維持するためではなく
> 周辺国家に対する脅威
> に基づいて行われる

脅威均衡論

台頭する国家に対し恐怖による防衛的行動が
勢力均衡をもたらすという考え

台頭する国家

①集積されたパワー ②隣接性 ③攻撃力 ④攻撃的意図

—— 防衛的行動 ——

| 周辺国家A | 周辺国家B |

▶ 09　脅威に対する戦略

バンドワゴニングとオフショア・バランシングとは？

　脅威を感じた場合でも小さな国とアメリカのような超大国では、バランシングのやり方が異なります。前に説明した外的バランシングはもっぱら小国の戦略で**バンドワゴニング（Bandwagoning）** と呼ぶこともあります。「勝ち馬に乗る」という意味で、強い勢力に同調し、それに乗じる行動を指します。自国の安全保障を強化するために、より強い国の保護や支援を求める戦略です。もう一つは、アメリカが近年用いている地政戦略で**オフショア・バランシング（Offshore Balancing）** と呼ばれるものがあります。これは、実際バラク・オバマ政権以降、外交政策で採用されているものですが、超大国がグローバルな覇権を目指すのではなく、各地域の同盟国と協力して、安全を担う戦略として理解されているものです。注意しなければならないのは、この戦略は、**バック・パッシング（buck-passing）**、すなわち「責任転嫁」して安全保障を同盟国に請け負わせる、ということを意味します。つまり、自らの国防のコストおよびリスクを考え、台頭しつつある潜在覇権国とのバランサーとしての役割（責任）を委譲する戦略なのです。アメリカが日本に期待しているのはまさに中国や北朝鮮、そしてロシアに対する責任の履行です。アメリカはこうすることによって自国の力を温存でき、自らの地政学的な優位を活用できることになります。オフショア・バランシングは、過剰な介入や関与を控える、自己抑制的な戦略であるともいえますが、脅威がこれ以上拡大してはだめだという時には、脅威に対して直接対抗し、封じ込めるために自らが抑止の負担を負ってバランシングを行います。

30秒でわかる！ ポイント

アメリカが同盟国と協力して行う地政戦略

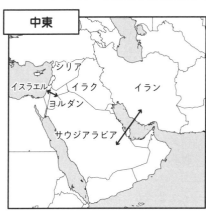

中東

アメリカはイスラエル
をオフショア・バラン
サーとして対アラブ政
策に利用し、サウジア
ラビアをオフショア・
バランサーとして対イ
ラン政策に利用

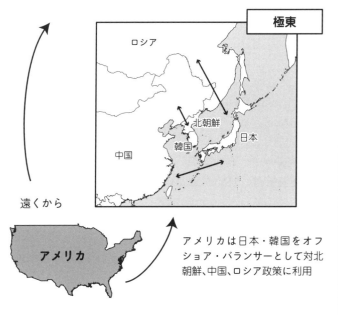

極東

遠くから

アメリカは日本・韓国をオフ
ショア・バランサーとして対北
朝鮮、中国、ロシア政策に利用

▶ 10　核兵器がもたらした均衡

大量報復戦略/
相互確証破壊とは？

　第二次世界大戦時、連合国軍最高司令官でノルマンディー上陸作戦も指揮したドワイト・アイゼンハワーが、ハリー・S・トルーマンの後、1952年に圧倒的な得票率で第34代大統領に当選すると、大統領の右腕として外交のトップ、国務長官に就任したのが対ソ連強行派のジョン・F・ダレスでした。ダレス国務長官は、共産主義勢力に対する政策統合を目的として1947年に創設された国家安全保障会議を強化し、朝鮮戦争の早期終結に尽力する一方、1954年1月、アメリカの外交の基本戦略を大量報復に置くと宣言しました。この戦略は、**大量報復戦略（massive retaliation strategy）**とも呼ばれ、通常兵器を削減する代わりに、核兵器や新型長距離爆撃機の開発、ICBM（大陸間弾道ミサイル）の実用化を追求するなど、後のアメリカの核抑止戦略の原型となりました。ソ連も核兵器の開発に成功すると、相手から大規模な核攻撃を受けた場合、相手国を確実に破壊できる報復用の核戦力を、見つかりにくい**潜水艦発射弾道ミサイル（SLBM）**の形で保有するなどしました。その結果、米ソ両国は互いに報復を恐れ先制核攻撃に踏み切ることができなくなりました。こうした「恐怖の均衡」を**相互確証破壊**（Mutual Assured Destruction、頭文字をとってMAD）と呼びますが、これが結果的に全面戦争を防ぐことになりました。

　その一方で、アメリカもソ連も同盟国の確保に走り、それぞれの勢力間に従属的な独裁国家を維持し、影響力を行使しました。ソ連の場合は東欧を中心に、キューバ、北ベトナム、アフガニスタン等を、一方アメリカはラテンアメリカから中東、アジアに至る広い範囲を支配圏に置きました。

30秒でわかる! ポイント

米ソの全面戦争を防いだ相互確証破壊

ジョン・F・ダレス

> アメリカの外交の基本戦略は大量報復だ

アメリカ	ソ連

● 通常兵器は削減 ● 核兵器や新型長距離爆撃機を開発 ● ICBM の実用化	●核兵器の開発に成功 ●潜水艦発射弾道ミサイルの保有

相手から核攻撃を受けた時、相手国を確実に
破壊できる核戦力の保有

米ソ両国は互いに報復を恐れ先制攻撃できない
「恐怖の均衡」状態に

相互確証破壊

▶ 11　勢力均衡の理論と現実

覇権安定論/
二極構造論とは？

　覇権的権力を持った超大国の主導権をその他の主要国が受け入れることによって権力関係を安定化させると説明する「覇権安定論」があります。ところがこの議論では、権力が数ヵ国に分散した多極システム（multipolar-system）下で、もし覇権国以外の国々が自己保存に走れば、**「公共財のフリーライド」**（ただ乗り）の問題に直面し、長期的には覇権国と非覇権国との間でパワー差が縮小することになります。中国の台頭がこの良い例です。さらに問題は、覇権国と非覇権国との間でパワー差が縮小する際、戦争が起きやすいと考えられているのです。第一次世界大戦も第二次世界大戦も巨視的な見方をすればこれが原因でした。

　では国際政治や地政学の理論では、どのような世界が最も安全だと考えられているのでしょうか。勢力均衡のジレンマは**二極世界（bipolar-system）**で最小になると考えます。二極世界では、当事国は軍事的に同盟国の能力に頼っているわけではなく、「対内的」手段によって相手と対峙することができ、計算が容易であるため安定性を高めるからです。先に説明した相互確証破壊に導かれた冷戦構造とは、実は逆説的ですが、他の期間に比べて戦死者が少ない最も安全な時代でした。その後ソ連が崩壊してアメリカの一極支配体制になりましたが、アメリカはイラクや旧ソ連圏のアフガニスタンで戦争を行い、軍人・民間人の死者数は短期間で冷戦時代を超えてしまいました。その意味で、中国が大人の責任ある大国として成長し、アメリカが中国を攻撃することなく二極世界が実現できれば、理論上は安全な世界がもたらされる可能性が十分あります。

30秒でわかる! ポイント

地政学理論における世界の「安全」状態

覇権安定論

超大国の主導権をその他の主要国が受け入れることで
権力関係を安定化させる

二極構造論

勢力均衡のジレンマは二極世界で最小になる

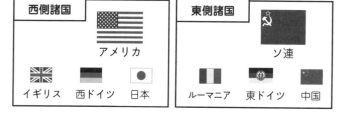

西側諸国			東側諸国		
アメリカ			ソ連		
イギリス	西ドイツ	日本	ルーマニア	東ドイツ	中国

冷戦構造：相互確証破壊に導かれた二極構造

勢力均衡は安定

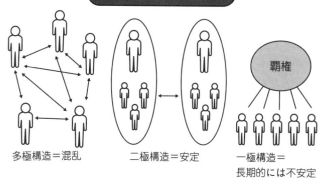

多極構造＝混乱　　二極構造＝安定　　一極構造＝
　　　　　　　　　　　　　　　　　　　長期的には不安定

▶ 12 次代を担う国家の盛衰

覇権循環論とは？

　国際政治学者**ジョン・ミアシャイマー**によれば、国家がお互いに攻撃的な振る舞いになってしまう理由が３つあるといいます。①**中央権威が存在しない**、②**どの国家も軍事力を持っている**、③**国家は他の国家の今後の行動について確証を持つことができない**、です。そこから5つの仮定を提示します。①国際システムはアナーキーである。②大国は攻撃的軍事力を保有している。③諸国家は、それぞれの国が何をしようとしているか正確には把握できない。④大国の最重要課題は生き残りである。⑤大国は状況を把握して合理的に行動する、というものです。このため国家はアナーキーという国際システムの中で、自国の存続を第一使命として、パワーの最大化を図ります。大国が最も望むのは、**「覇権国」**になり、地理的に地続きの地域を支配することです。万一、他の地域に潜在的覇権国が出現した場合、その国が覇権国になることを阻止することが最大の課題となります。

　このサイクルをとらえて説明するのが**「覇権循環論」**です。世界のリーダーシップのサイクルは、４つのフェーズで構成されています。世界大戦などによる(1)**無秩序段階**、(2)**支配的大国の出現**、(3)**支配的大国の没落**、(4)**支配力の分散**です。概ね16世紀以降、世界の政治・経済・軍事他、欧米の大国がその時代を担い、地位の循環がおよそ1世紀単位で起こりました。興味深い点は、これまでの歴史から、次の世界のリーダーは覇権国との同盟国ないし連合国の１つでなければならず、現覇権国に挑戦してはならないということです。中国は果たして次の覇権国になれるでしょうか？

30 秒でわかる！ ポイント

覇権循環論の構造

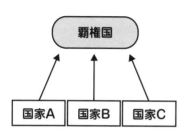

国家はパワーの最大化を図る

覇権国となって、地続きの地域を支配したい

他の地域に潜在的覇権国が出現した場合、その国が覇権国になることは阻止したい

覇権循環論

世界のリーダーシップでサイクルフェーズを説明

(1) 無秩序段階　　　　(2) 支配的大国の出現

(3) 支配的大国没落　　(4) 支配力の分散

覇権国の循環

覇権国	世紀	世界的戦争	挑戦国	同盟国
ポルトガル	16	1494-1516	スペイン	オランダ
オランダ	17	1580-1609	フランス	イギリス
イギリス	17－18	1688-1713	フランス	ロシア
イギリス	18－19	1792-1815	ドイツ	アメリカ
アメリカ	20	1914-1945	ソ連	NATO

▶ 13　国連による武力行使の正当性

戦争の類型/
軍事介入の制約とは?

　現代の戦争には大きく分けて4つの形態があります。①主権国家同士による戦争(伝統的な戦争)、②主権国家対特定グループとの間の戦争(新しい戦争)、③ある国家内の民族など特定グループ同士による内戦、④その内戦に外国勢力が加担ないし、介入して内戦が国際化した国際紛争です。例えば、アフガニスタンの場合のように、1980年代初期は③の内戦形態だったのが、④に変わり、9.11アメリカ同時多発テロ以降②に変化した、極めて複雑な経緯を辿るものもあります。なお、⑤として60年代まで、植民地が宗主国に分離を求めて戦争を起こす独立戦争がありましたが、今ではこの形態は見られません。近年の戦争の約9割は、③、④の形態です。

　では、こうした争いに対して国際社会は軍事的(人道的)に介入することはできるのでしょうか。一般論として、国連憲章が武力行使を認めているのは、(1)個別的・集団的自衛権を行使する場合と、(2)国連安全保障理事会で議決を経て武力行使(行為)が認められる場合のみです。内戦に関しては内政不干渉の原則により、安保理が決定を下すまで誰も介入できないことになっています。では決定はどのように下されるのでしょうか。近年登場した「保護する責任」という概念では、国家主権は、責任を意味し、国民を保護する主要な責任はその国家自体にあるとされ、万一、武力行使を正当化する場合は、**「正当な意図」**(right intention)、**「最終手段」**(last resort)、**「均整のとれた方法」**(proportional means)、**「合理的な見込み」**(reasonable prospects)の4つを満たしていなければならないとされています。安全保障理事会には大きな責任があるのです。

30秒でわかる！ ポイント

現代の戦争の類型と安保理の認める軍事介入

現代の戦争の4分類

① 主権国家同士による戦争

② 主権国家対特定グループとの間の戦争

③ ある国家内の民族など特定グループ同士による内戦

④ ③の内戦に外国勢力が加担ないし、介入して内戦が
国際化した国際紛争

武力行使が正当化される条件

正当な意図	最終手段
均整のとれた方法	合理的な見込み

この4つを満たしている場合にのみ、
戦争に対する武力行使を正当化することができる

▶ 14　世界に対する思い込みと実態

世界の本当の大きさ メルカトルの魔法

　私たちが日頃よく目にする世界地図は、**1569年に地理学者のゲラルドゥス・メルカトルが発表したメルカトル図法**で描かれており、高緯度ほど拡大されるという特徴があります。ですが、実際大きさを正確に当てはめてみると、右ページ上図の通りになります。**世界を支配してきたアメリカやロシア、ヨーロッパの国々の大きさが誇張されている**ことがよくわかるでしょう。**ロシアは世界を覆うかのようなイメージがあるかもしれませんが、実は南米と同じくらいの大きさしか**ありません。他方、アフリカ大陸など赤道付近にあるものが過小に描かれています。知識が権力と同居していることがわかるでしょう。アメリカやヨーロッパやロシアが大きく描かれているのです。丸い地球を平面で表すため歪みが生じてしまいます。しかし私たちはその情報に「洗脳」されてはいけません。まずは本当の国の大きさを知って、正確な国のサイズで各国を比べて視覚的な先入観をリセットしましょう。

　また、地図を反対にしてみてください。私たちが日頃見慣れている地図は、ユーラシア大陸が上にあり、両側にアメリカ大陸とヨーロッパ、アフリカ大陸が配置してあって海洋に覆いが被さっているように見えます。しかし逆さまにしてみるとどうでしょうか。重しが外れ、不思議と広い海を動き回れるような気がしてきます。インドや中国が海を渡り、印僑がアフリカやマレーシアや香港に、華僑が東南アジアに広く住んでネットワークを形成している理由がわかるはずです。また、日本では日本が地図の中心ですが、当然ながら、アフリカではアフリカが中心、ヨーロッパではヨーロッパが中心です。

30秒でわかる！ ポイント

世界の本当の大きさと姿を知る

実際の大きさを正確に当てはめると、アメリカやロシア、ヨーロッパの大きさが誇張されていることがよくわかる

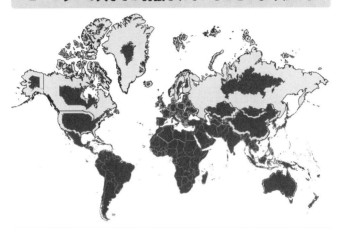

地図を反対にしてみると、地球に占める海の割合の大きさがより鮮明に浮かび上がる

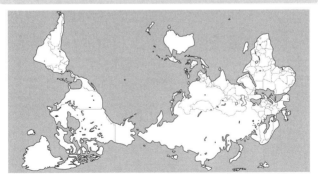

シーパワーの世界！

第 2 章

パックス・
ブリタニカの地政学

▶ 01　世界を変えた三大発明

「印刷術」「火薬」「羅針盤」と明王朝

　小さな公国や都市国家が乱立し、誰もが認める世俗的もしくは宗教的指導者がいなかったヨーロッパに対して、栄華を誇っていたのが**明（現中国）**でした。11世紀には可動活字による**印刷**も始まり、まもなく大量の書物が広く読まれるようになりました。中国人は世界で初めて**火薬**を発明したといわれており、その火器によってモンゴルを追い払い、1366年明王朝が成立して中国を統一しました。11世紀から立派な運河で耕地が結ばれ、灌漑が施された耕地は作物をたわわに実らせていました。それが**人口の増加**を生み出し、15世紀の人口は1億〜1.3億人で同時代のヨーロッパの2倍も多かったのです。高い行政能力を持つ官僚機構によって貿易や産業も発達し、紙幣も広く利用され、商業の発展と市場の成長に大きな役割を果たしました。11世紀末には、中国北部に**巨大な製鉄所**ができ毎年12.5万トンの鉄を産出したとされます。**羅針盤**も発明され、マラッカ、セイロン、ザンジバルまで海外遠征や貿易に乗り出していくのも自然な流れでした。中国の**平底帆船**はスペインのガレー船に匹敵する大きさで、1420年に明の海軍は1350隻の軍艦を保有していたとの記録もあります。ですが、1433年を最後に遠征はなくなり、3年後には皇帝の勅令で遠洋航行用の船舶の建造が禁止されました。無限の可能性の中、取りやめた理由は帝国の北に位置するモンゴルの脅威が再び高まり、建造のための多額の費用を賄いきれなかったからだと考えられています。もし、明がそのまま外に進出していたら世界はどうなっていたでしょうか。中国中心の世界がもっと早く実現していたかもしれません。

30秒でわかる! ポイント

世界を変えた三大発明と明王朝

- チグリス川
- メソポタミア文明
- 黄河 中国文明
- エジプト文明
- ユーフラテス川
- インダス川
- ナイル川
- インダス文明

今のヨーロッパの地には
古代の文明はなかった

中国の三大発明

印刷術

11世紀に可動活字の印刷開始
大量の書物が広く読まれる

火薬

世界初の火薬の発明
1366年、火薬兵器でモンゴル
撃退、明王朝成立

羅針盤

マラッカ、セイロン、ザンジバルまで遠征
1420年に明は1350隻の軍艦保有

中国(明)
中国の海上ルート
マラッカ
セイロン
ザンジバル

▶ 02　台頭するヨーロッパ諸国

大航海時代の到来と 地球の発見

　世界というものが初めて人々に意識され始めたのはいつでしょうか。ヨーロッパが、それも小さな島国がやがて地球のほとんどを支配することになると誰が考えていたでしょうか。東洋では**チンギス・ハーン**が、モンゴル帝国の初代皇帝（在位1206年－1227年）としてユーラシア大陸を縦横無尽に走り回り、当時の世界人口の半数以上を統治する人類史上最大の世界帝国であるモンゴル帝国を築き上げました。ヨーロッパは、それを押し返すのがやっとでした。1348年頃には、**黒死病**に襲われ人口の３分の１が死亡したといわれています。キリスト教文明圏はカトリックと正教の２つに分かれ、1453年、コンスタンチノープルがオスマン帝国に征服されると、東への進路を取れないヨーロッパは大海へと乗り出すしかありませんでした。中でも積極的だったのがヨーロッパの最西端に位置するポルトガルとスペインでした。1492年、スペイン国王の支援を受けた**コロンブス**はアメリカ大陸を発見し、同じ頃、ポルトガルの**バスコ・ダ・ガマ**がインドへの航路を発見しました。1522年には同じくスペインの援助を受けた**マゼラン**の艦隊が世界一周を成し遂げました。こうして大航海時代が到来し人類は地球が丸いことを初めて知って次第に地理への関心を深めていきます。その後、オランダ、フランス、イギリスも世界に乗り出しました。当初はキリスト教の布教のため、商品貿易のためだったのが、植民地にする領土拡大のためと次第に目的が変わっていきます。日本は極東に位置しており、ヨーロッパからは最も遠く、そのおかげで植民地になることを免れたのでした。

30秒でわかる！ ポイント

大航海時代と貿易

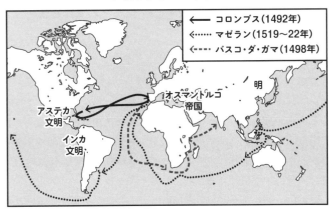

	コロンブス（1492年）
	マゼラン（1519～22年）
	バスコ・ダ・ガマ（1498年）

アステカ文明
インカ文明
オスマントルコ帝国
明

ヨーロッパ各国の第三世界への進出

スペイン	1492年コロンブスが アメリカ大陸発見　1522年マゼランの艦隊が 世界一周	人々は「地球は丸い」 と知る
ポルトガル	1498年バスコ・ダ・ガマ、 アフリカ喜望峰経由でインドに到達	
オランダ	キリスト教布教と 貿易のために 第三世界へ進出	
フランス		
イギリス		

▶ 03 植民地支配と貿易

植民地獲得競争と
ヨーロッパの発展

　アフリカ人を奴隷として連れ去りカリブ海の島々の砂糖プランテーションで働かせて富を得ることを「発明」したヨーロッパ人たちは巨万の富を獲得していきました。これを**三角貿易**といいます。17世紀中頃以降、オランダはオランダ東インド会社によって胡椒や香辛料を独占、ニューアムステルダム（今のニューヨーク）に植民地を築いて世界商業の中心になりました。一方イギリスもイギリス東インド会社の綿織物・茶・コーヒー貿易によって徐々に国力を増していきました。17世紀以降、イギリスはインド沿岸部から徐々に内陸部へ勢力を拡大して19世紀にはインドを事実上の植民地とし、大英帝国維持のためにインドと本国をどのようにつなげていくかがイギリス外交の要諦となりました。フランスも17世紀はじめから北米に進出し、カナダを支配、ミシシッピー川流域のルイジアナに植民地を建設しています。スペインとポルトガルは、胡椒などの香辛料、織物、宝石など、アジアの物産をヨーロッパに持ち込んで大きな利益を上げました。ドイツではハンザ同盟という都市同盟がヨーロッパ北部の経済圏を支配していました。イタリアもヴェネチアを窓口として、地中海諸地域と貿易して繁栄しました。他方カトリック教会は布教活動にも力を入れ、神の権威を語りながら現地人を従属させていきました。こうして世界を支配できたことがヨーロッパの発展につながったのですが、中でも**イギリス**は18世紀後半からいち早く**産業革命**を成し遂げ、ライバルだったフランスを駆逐できたことで世界的な覇権を構築することに成功するのです。

30 秒でわかる! ポイント

東インド会社と植民地獲得競争

イギリス

17世紀、東インド会社で綿織物・茶・コーヒー貿易で勢力伸長
19世紀、インドを事実上植民地化

フランス

17世紀初頭から北米進出、カナダ支配、
ミシシッピー川流域ルイジアナに植民地

オランダ

東インド会社で香辛料貿易独占
ニューアムステルダム(現在のニューヨーク)に植民地

スペイン、ポルトガル

香辛料、織物、宝石などアジアの産物を欧州に輸入し利潤を獲得

ドイツ、イタリア

小国が分立し、植民地競争に出遅れる

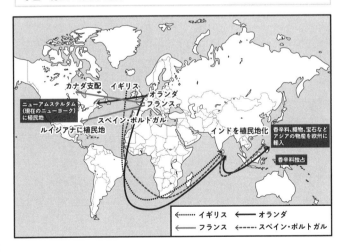

ナポレオンの敗北

「パックス・
ブリタニカ」
の時代①

　1754年から56年にイギリスがフランスの北アメリカにおける植民地を攻撃して、フランス商船を数百隻拿捕したことで**7年戦争**になりました。フランスはこの戦いに敗れたことで植民地を失い、財政が逼迫しました。特権階級と国民との乖離を埋めることができず、結局1789年、ブルボン朝の絶対王政は市民革命によって崩壊することになりました。この後、フランスではオーストリアに勝利するなどして**ナポレオン・ボナパルト**が頭角を現し皇帝への階段を上りつめていきますが、イギリスに決定的な一打を与えることはできませんでした。そこでナポレオンは、イギリスにとって最も重要な植民地であるインドとの連携を絶つために1798年にエジプトとシリアへ遠征しました（**エジプト・シリア戦役**）。しかし、これもイギリスに敗北、地中海の制海権も完全に奪われてしまい、1801年イギリスに降伏、フランスへと帰還します。ナポレオンは、その後1805年の**トラファルガーの海戦**でもイギリスに敗北を喫すると、みるみる力を失っていくのでした。フランスは、ミシシッピー以西のルイジアナをアメリカにすでに譲渡していましたが、さらにこれ以降、次々に植民地を失っていきます。1814年のナポレオン没落後、復古王政の時代に**パリ条約**（1814年、1815年）でアンティル諸島とセネガルなど一部を取り戻すことに成功しましたが、フランスが保有する土地は、スペイン、ポルトガル、オランダよりも少なくなってしまいました。こうしたことから仕切り直しとして北アフリカのアルジェリアに進出を図っていきます。そして西アフリカへと歩みを進めていくのでした。

30秒でわかる！ ポイント

ナポレオン戦争の推移

1797年

ナポレオン率いるフランス軍が
オーストリア帝国に勝利し、ナポ
レオンの名声が高まる

1798〜99年

イギリスのインド支配妨害のため
エジプト・シリアに遠征(エジプト・
シリア戦役)し、イギリスに敗北

1805年

トラファルガーの海戦でイギリス
に敗北
フランス保有の領土はスペイン、ポ
ルトガル、オランダよりも少なくなる

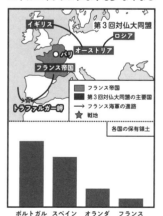

1815〜48年

1830年にアルジェリア進出
1848年、アルジェリアはフランスの
海外県に
西アフリカに歩みを進める

▶ 05 大英帝国の構築

グレートゲームを支配した大英帝国と「情報網」

　17世紀以降、**イギリス**はインド沿岸部から徐々に内陸部へ勢力を拡大していき、19世紀にはインドを事実上の植民地としました。インド防衛を至上命題とするイギリスと、南方への勢力圏拡大を目指すロシアとの間で、19世紀以降100年にわたって繰り広げられたのが**「グレートゲーム」**と呼ばれる覇権争いでした。イギリスは海洋国家として地中海の入り口と出口のジブラルタル海峡とスエズ運河を、東南アジアではシンガポールとマレーシアの海峡を、そして中国大陸では窓口となる香港を押さえ、アフリカでは大陸を囲むように植民地を築き、南太平洋では、オーストラリアほか主要な島々を支配していきました。世界各地でチョークポイントを押さえることでイギリスは世界的規模で帝国を建設することに成功しました。北米大陸にはアメリカとカナダを建設したことも忘れてはなりません。帆船が世界中で寄港できるように島や岬や海峡を拠点化して最短の航行ルートを建設し同時に軍の駐屯地も整備しました。19世紀末の段階で全世界に40ヵ所の海軍基地があったといわれています。帆船に代わって蒸気船が19世紀から登場すると、石炭の貯蔵も世界各地で行われました。日本の長崎や小樽などを含め全世界で160ヵ所に及んだと見られています。イギリスは**情報**の重要性をいち早く理解し全世界の植民地を電信でつなぐ**海底ケーブル網**を19世紀末にすでに完成させていました。ロシアはユーラシアで勢力を拡大しましたがイギリスには及びませんでした。ケーブルはイギリス本国を経由していたことから外交機密や軍事機密をいち早く把握できたこともイギリスが覇権を築けた理由です。

30 秒でわかる！ ポイント

世界中に帝国を築いたイギリス

イギリスの各地域への布石

地中海：出入り口のジブラルタル海峡とスエズ運河

東南アジア：シンガポールとマレーシアの海峡

（マラッカ海峡）

中国大陸：香港

アフリカ：大陸を囲むような植民地

南太平洋：オーストラリア、ニュージーランドほか

南太平洋の島々

北米：カナダ、アメリカ

イギリスのチョークポイント

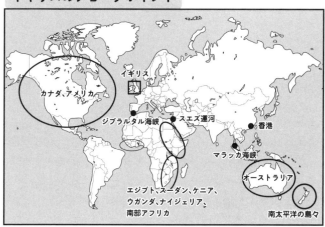

▶ 06 絶頂期を迎える大英帝国

スエズ運河の掌握と
大英帝国の繁栄

「エジプトはナイルの賜物」という言葉があるように、肥沃なナイル川によって、古代から農業が盛んな土地でした。エジプト産の綿花は高品質だったことから「白い金」と呼ばれ、欧州を拠点とする多くの商人や金融業者が買い付けにきました。オスマン帝国領域にありながら、独自の政治体制を築いたエジプトは、**サイード・パシャ**が第4代君主に即位すると、さらなる発展の道を模索しました。1834～37年カイロ領事を務め、自身の家庭教師を務めていたフランス人**フェルディナン・ド・レセップス**に勧められ、1859年、サイードは**スエズ運河建設**に着手します。運河が完成すれば、世界中の船が集まってきます。「流通改革」の期待もあって世界から資本が流入し、カイロの街は1870年代に流行したフランス・バロック様式の豪華な建物が立ち並ぶこととなりました。ところが1875年、野心的な農地改革・公共事業によって、エジプト財政が破綻します。イギリスはスエズ運河会社の株式の約44％をエジプトから取得し、普仏戦争（1870～71年）に敗北して疲弊していたフランスを抑え筆頭株主となったのです。スエズ運河の支配権を握ったイギリスは、インド・中国と本国を結ぶ交易ルートを手中にするとともに、エジプトに与えた膨大な借款をたてに取ってエジプトを事実上保護国化し、アフリカ支配の軸となるナイル川をさかのぼってスーダンをも支配しました。最終的に1882年、**イギリスはスエズ運河全域を占領し、軍の管理下に置きました。**まさに大英帝国の栄光を象徴する出来事となりました。これによりインドと本国は最短でつながりイギリスはますます繁栄していくことになりました。

30 秒でわかる! ポイント

イギリスの繁栄につながるスエズ運河の掌握

1875 年

エジプトが財政破綻
→イギリスはスエズ運河会社の株式 44% を取得

- スエズ運河の支配権掌握(フランスを抑え、筆頭株主に)
- エジプト保護国化
- ナイル川を遡行しスーダン確保
- スエズ運河全域占領

──→ イギリス本土、インド、中国を結ぶ交易ルート確立

▶ 07　石油と国際情勢の変化①

眠りから覚める北の巨人と石油の発見

　ロシアの地政戦略は今も昔も**南下政策**がその中心にあります。北の海が凍るため不凍港を求めてきたのです。ロシアが南へ進路を取る場合、オスマン帝国をよけて黒海とカスピ海に挟まれた大きな地峡であるカフカース（コーカサス）を抜けていくほかありませんでした。なぜならロシアは、建艦技術、武器弾薬、輸送手段のどれをとっても遅れていて1853年から56年の間、クリミア半島を中心に行われたクリミア戦争でフランス、イギリス、オスマン帝国に敗北していたからです。ところが南には強国ペルシャ（現イラン）があり、ロシアはアゼルバイジャンまでを何とか支配することしかできませんでした。しかしながら運が良いことに、**アゼルバイジャン**には、世界経済を動かしていくことになる莫大な量の石油が眠っていました。ロシアの石油および精製品の世界市場シェアは、1884年には３％だったのに、わずか５年後の1889年には22％にまで上昇しました。1885年、ゴットリープ・ダイムラーが自動車のガソリン機関を発明し、カール・ベンツがこれに続いてガソリン・エンジンの発明に成功したことで、照明や潤滑油として利用されていたに過ぎなかった**石油の需要が飛躍的に高まっていった**のです。なお、石油はオランダ領東インド（現インドネシア）などでも採掘されるようになり、1890年代からスマトラ島で油田開発を進めてきたオランダのロイヤル・ダッチ石油会社も営業拠点を世界に広げていきました。一方、北米大陸では、石油王ロックフェラーが全米の石油を手中に収め、ロックフェラーの経営するスタンダード石油会社が北米の石油市場を席捲し、アメリカは世界一の工業国へと邁進していくことになります。

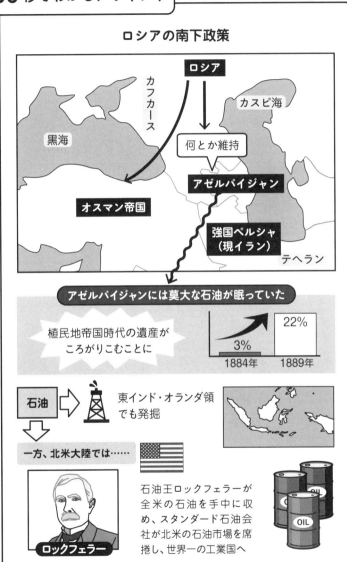

ロシアの南下政策

ロシア

カフカース

カスピ海

黒海

何とか維持

アゼルバイジャン

オスマン帝国

強国ペルシャ
(現イラン)

テヘラン

アゼルバイジャンには莫大な石油が眠っていた

植民地帝国時代の遺産が
ころがりこむことに

22%

3%

1884年　1889年

石油 ➡ 🛢 東インド・オランダ領
でも発掘

⬇

一方、北米大陸では……

ロックフェラー

石油王ロックフェラーが
全米の石油を手中に収
め、スタンダード石油会
社が北米の石油市場を席
捲し、世界一の工業国へ

OIL

▶ 08　石油と国際情勢の変化②

バグダッド鉄道と英独対立

　欧州諸国がオスマン帝国内の豊富な石油資源の可能性に関心を示し始めたのは、19世紀後半以降のことです。ドイツもフランスも、北海油田を今でこそ有するイギリスも自国内に石油資源を保有していなかったために、豊富な石油資源が眠ると目されたメソポタミア地域（現イラク）への進出を狙っていたのでした。工業国への途上にあった**ドイツ帝国**は、1880年代から石油確保の必要に迫られる一方、工業製品の輸出のための広大な市場を必要としており、その意味でもオスマン帝国との関係強化は自然な流れでした。ドイツがオスマン帝国に提案したのが、後に**3B政策**と呼ばれるドイチェ・バンク（現ドイツ銀行）を中心としたバグダッド鉄道建設計画でした。ベルリンからバグダッドまで鉄道を延伸して、ベルリン―イスタンブール（古名ビザンティウム）―バグダッドまでを結ぶ壮大な計画でした。ドイツは、鉄道輸送網を整備することでメソポタミア地域の石油と市場を確保でき、それは、経済発展を目論むオスマン帝国スルタンにとっても悪い話ではありませんでした。

　他方、1908年**ペルシャ（現イラン）西南部**でイギリス人が同国で最初の油田を発見すると、1909年には**「アングロ・ペルシャ石油会社」**が設立されました。イギリスは、スエズ運河を手中に収め、インド―エジプト航路を確立、さらに今の南アフリカまでを支配して、いわば**3C政策**を実行中でした。そのため、その近くにドイツが進出してくるのを快く思っていませんでした。ドイツ帝国で制定されたイギリス海軍に匹敵する海軍増強を目的としたいわゆる**「艦隊法」**もイギリスを刺激しました。こうしてイギリスはフランスからドイツに仮想敵国を変更することになりました。

30秒でわかる! ポイント

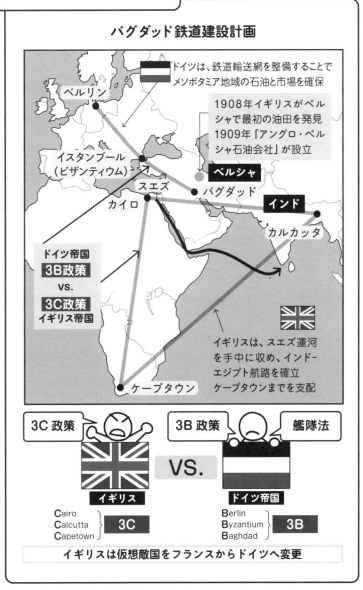

バグダッド鉄道建設計画

ドイツは、鉄道輸送網を整備することで
メソポタミア地域の石油と市場を確保

1908年イギリスがペルシャで最初の油田を発見
1909年「アングロ・ペルシャ石油会社」が設立

ベルリン

イスタンブール
（ビザンティウム）

スエズ

カイロ

ペルシャ

バグダッド

インド

カルカッタ

ドイツ帝国
3B政策
vs.
3C政策
イギリス帝国

イギリスは、スエズ運河
を手中に収め、インド－
エジプト航路を確立
ケープタウンまでを支配

ケープタウン

3C 政策　　　　　　**3B 政策**　　　**艦隊法**

VS.

イギリス　　　　　　**ドイツ帝国**

Cairo
Calcutta　　**3C**
Capetown

Berlin
Byzantium　　**3B**
Baghdad

イギリスは仮想敵国をフランスからドイツへ変更

▶ 09　世界大戦の背景①

第一次世界大戦が 近代世界史に与えた 意味

　時代の流れで**オスマン帝国**が弱体化していくと、バルカン半島の勢力争いが激化します。1914年、オーストリア＝ハンガリー帝国の皇位継承者フランツ・フェルディナント大公が新たに勢力下に置いたサラエボを視察中にセルビアの青年に暗殺されると、**オーストリア＝ハンガリー帝国**はセルビアに宣戦布告します。これに対してセルビアの後見役だった**ロシア**がオーストリア＝ハンガリー帝国に宣戦布告、一方、**ドイツ**がオーストリア＝ハンガリー帝国側に立って参戦するに及んで第一次世界大戦が始まりました。不凍港を獲得することが悲願であったロシアは、1904年日露戦争で日本に負けたことでアジアでの南下政策を断念、アドリア海や地中海に出ることを虎視眈々と狙っていたのでした。他方ドイツは、ロシアが万一勝利することになれば、イギリス、フランス、ロシアに囲まれてしまいます。このような事態をドイツは何としても避けたかったのです。

　しかしこの大戦によって、ロシアは国内が疲弊、1917年の2月革命・10月革命によって、ロマノフ朝の絶対専制（ツァーリズム）政治が倒され、**ボリシェヴィキ（多数派・労働者階級）がソビエト（評議会）を設立します**。1989年まで続くソビエト体制は第一次世界大戦が生んだといっても過言ではありません。また、同じくドイツでも1918年11月3日、戦争に疲弊した水兵の反乱に端を発した**「ドイツ革命」**が起きます。皇帝ヴィルヘルム2世が廃位されドイツ帝国が崩壊します。この後、敗戦したドイツは多額の戦争賠償金が科せられ、国家全体が右傾化し**ナチス**が誕生します。第一次世界大戦はすでに第二次世界大戦の火種を生んでいたのです。

30秒でわかる！ ポイント

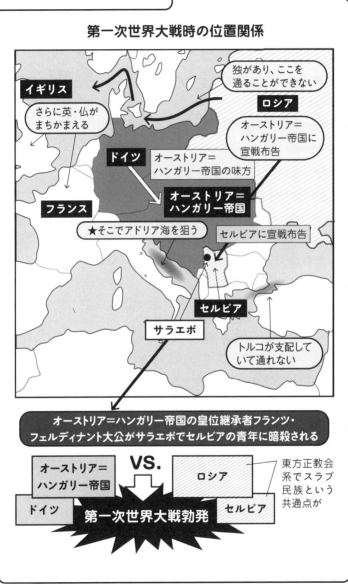

第一次世界大戦時の位置関係

独があり、ここを通ることができない

イギリス

さらに英・仏がまちかまえる

ロシア

オーストリア＝ハンガリー帝国に宣戦布告

ドイツ

オーストリア＝ハンガリー帝国の味方

オーストリア＝ハンガリー帝国

フランス

★そこでアドリア海を狙う

セルビアに宣戦布告

セルビア

サラエボ

トルコが支配していて通れない

オーストリア＝ハンガリー帝国の皇位継承者フランツ・フェルディナント大公がサラエボでセルビアの青年に暗殺される

オーストリア＝ハンガリー帝国	**VS.**	ロシア
ドイツ	**第一次世界大戦勃発**	セルビア

東方正教会系でスラブ民族という共通点が

▶ 10　世界大戦の背景②

英米仏の
エネルギー覇権を
決定した赤線協定

　イギリスのオスマン帝国における石油利権に関わる覇権を決定的にしたのが、1914年3月、広大なオスマン帝国の石油資源開発を目的として設立された**「トルコ石油会社」**でした。同社の株式は、アングロ・ペルシャに47.5％、ドイチェ・バンクに25％、英蘭シェルに22.5％、アルメニア人実業家カルースト・グルベンキアンに5％が割り当てられましたが、第一次世界大戦後、ドイツの権益は**フランス**に全て譲渡されることになりました。1928年7月、トルコ石油（1929年に社名をイラク石油に変更）にアメリカ石油会社のニュージャージー・スタンダード石油会社とソコニー・バキューム石油会社が参入、これと同時に、フランスからの提案に基づいて、トルコ石油参加各社間に、旧オスマン帝国領土内の石油利権の共同所有と共同操業を義務付ける**「赤線協定」（別名「赤線条項」）**が結ばれるのです。これは国際石油会社間の競争を制限するというもので、適用地域を明確にするため地図に赤線で示したことからこのように呼ばれました。単に国際石油会社間の協定にとどまらず、政府間協定の性格をも兼ね備えていたため、これにより広大な領域に極めて大きな影響力が及ぶことになりました。この実質的にペルシャとクウェートを除く中東の重要地帯の全てをカバーした事実上の**石油カルテル**によって、中東の住民を全く無視して同地の主要石油資源の約7割をイギリスが支配する体制が形成されました。ドイツはこれにより、中東の石油から完全に締め出されることになりました。ナチス出現と第二次世界大戦勃発の原因には、この石油カルテルの存在も背後にあるのです。

30秒でわかる！ ポイント

トルコ石油会社設立

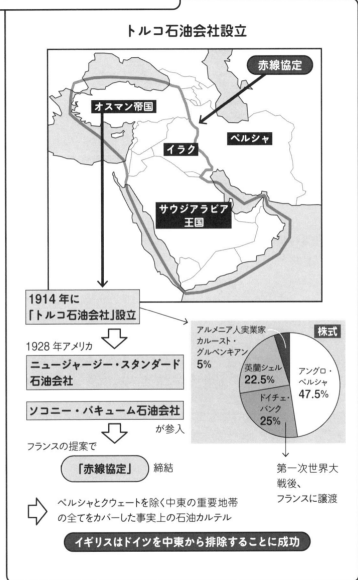

赤線協定

オスマン帝国

ペルシャ

イラク

サウジアラビア王国

1914年に「トルコ石油会社」設立

1928年アメリカ

ニュージャージー・スタンダード石油会社

ソコニー・バキューム石油会社 が参入

フランスの提案で

「赤線協定」締結

ペルシャとクウェートを除く中東の重要地帯の全てをカバーした事実上の石油カルテル

株式

アルメニア人実業家 カルースト・グルベンキアン 5%

英蘭シェル 22.5%

ドイチェ・バンク 25%

アングロ・ペルシャ 47.5%

第一次世界大戦後、フランスに譲渡

イギリスはドイツを中東から排除することに成功

▶ 11　ファシズム誕生の経緯

第一次世界大戦の敗戦が生んだファシズム

　第一次世界大戦は、ロシアでソビエト連邦を成立させましたが、欧州の心臓部でも大きな傷を残しました。イタリアの**ベニート・ムッソリーニの「ファシズム」**とドイツの**アドルフ・ヒトラーの「ナチズム」**がその運動体としての誕生をみたのは、1919年の春のことでした。ドイツは1921年に1320億金マルクの賠償金を科せられた一方、石炭や鉄鉱石が採れるルール地方をフランスに割譲を余儀なくされたことから、経済的に困窮することになりました。イタリアや日本は、1921年11月から22年2月までワシントンDCで開催された**「ワシントン会議」**で決められたワシントン海軍軍縮条約によって戦艦・航空母艦等の保有・建造の制限が取り決められ、英米の保有率よりも低く定められました。これにより軍は不満を蓄積することになりました。1922年10月31日、イタリアでムッソリーニ政権が誕生し、さらに世界恐慌を経て1933年1月30日にドイツでヒトラー政権が誕生するという具合に、ファシズムはその誕生後、数年で当時のヨーロッパの4大強国（英仏独伊）の中の2強になっていきます。第一次世界大戦後に樹立された米英仏に代表される帝国主義諸国中心の平和主義、国際協調主義を建前とする世界秩序に対しての不満は極めて大きく、中国進出を批判されていた**日本**は1933年3月27日、ヴェルサイユ体制の柱である国際連盟から脱退、ドイツは同年10月14日、イタリアは1937年11月6日の日独伊防共協定成立を経た後の同年12月11日に脱退しました。こうして欧州―独伊の軸に、極東―日本の軸が形成されていきます。アメリカは国力を温存、この時まで静観していました。

30秒でわかる！ ポイント

ファシズムの誕生

イタリア

1919年春「ファシズム」誕生

⬇

1921年「ワシントン会議」で戦艦・航空母艦等の保有・建造の制限→軍の不満が蓄積

⬇

1922年ムッソリーニ政権誕生

ムッソリーニ

ドイツ

1919年春「ナチズム」誕生

⬇

1921年1320億金マルクの賠償金
石炭や鉄鉱石が採れるルール地方をフランスに割譲→経済的に困窮

⬇

1933年ヒトラー政権誕生

ヒトラー

⬇

ファシズムはその誕生後、数年で当時のヨーロッパの4大強国（英仏独伊）の中の2強に

ヨーロッパの4大強国 ／ イギリス ／ フランス ／ イタリア ／ ドイツ ／ ファシズム

▶ **12　ナチス支配下におけるドイツ**

第二次世界大戦と戦後を決めた「テヘラン会議」

　ミュンヘン会議でチェコスロバキアのズデーテン地方がヒトラーの求めによってドイツに割譲されました。1939年3月、ドイツはチェコのモラヴィア・ベーメン両地方を併合し、スロバキア地方を一旦独立させてから保護領とすると、1939年8月23日、ソ連と独ソ不可侵条約を締結、1939年9月1日ポーランド回廊を要求してポーランドに宣戦布告しました。こうして**第二次世界大戦**が始まりました。ドイツはソ連と不可侵条約を結んでいたにもかかわらず、1941年6月22日突如ソ連に対して宣戦布告し、兵力400万、戦車3300台、航空機2千機を動員して「バルバロッサ作戦」と呼ばれる奇襲作戦を実行しました。その理由については、今でも様々な議論がなされています。ドイツ包囲網が築かれる前に先手を打ったという議論もあります。ソ連との戦争に挑んだのは、地政学的に見ると西側の強国に挑んで支配できる領域に比べて、東側に進む方が明らかに生存圏（レーベンスラウム）を広げることが可能だったからだという議論もあります。また、ルーマニアの油田を接収するためだった、とする議論もあります。ドイツは中東の石油から締め出されていたからです。ドイツは戦時中、ルール地方で豊富に採れる石炭を液化して**人造石油**を開発して戦争を遂行していました。恐るべき戦争能力です（実は日本軍も人造石油を開発していました）。そのような中、1943年11月イランで**「テヘラン会議」**が開かれます。アメリカ、イギリス、ソ連の首脳が一堂に会した初めての会談でした。この首脳会談は、戦争上の諸問題から事実上の戦後処理までを話し合った重要な会議になりました。

30秒でわかる! ポイント

第二次世界大戦開始

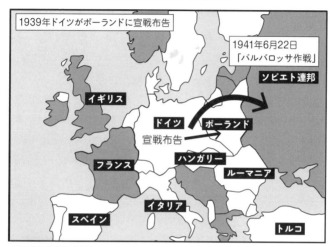

1939年ドイツがポーランドに宣戦布告

1941年6月22日
「バルバロッサ作戦」

ソビエト連邦

イギリス

ドイツ　ポーランド
宣戦布告

ハンガリー

フランス

ルーマニア

イタリア

スペイン

トルコ

バルバロッサ作戦	・ドイツはソ連と不可侵条約を結んでいたにもかかわらず、1941年6月22日突如ソ連に対して宣戦布告し兵力400万、戦車3300台、航空機2千機を動員して「バルバロッサ作戦」と呼ばれる奇襲作戦を実行
なぜソ連と戦争したのか?	・地政学的に見ると西側の強国に挑んで支配できる領域に比べて、東側に進む方が明らかに生存圏(レーベンスラウム)を広げることが可能だったから

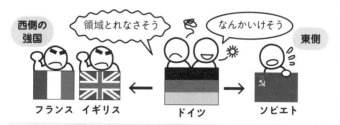

西側の強国　　領域とれなさそう　　なんかいけそう　　東側

フランス　イギリス　　　　ドイツ　　　　ソビエト

ルーマニアの油田を接収するためという説も
(中東の石油からドイツは締め出されていたため)

▶ 13　戦争は何をもたらしたのか

第二次世界大戦の戦場となった中東・北アフリカ

　リビアの大地を機上から眺めると大地に緑はほとんどなく、乾いた黄色い大地が一面に広がります。早くからフランスやイギリスに目をつけられた他の領域とは異なり、海外領土獲得競争に遅れた**イタリア**が残されたこの不毛の大地に進出したのは1911年のことでした。弱体化したオスマン帝国に宣戦布告し、1912年10月、トルコとの間で条約を結んでリビアを支配下に置いたのでした。第二次世界大戦が始まってからは、イタリアは枢軸国でしたので、連合軍との戦場となり、1943年には連合軍が独・伊軍を破り、英・仏軍が進駐しました。チュニジアでも独・伊軍がリビアから領内に侵入しました。これにより、同年5月に連合国が勝利を収めるまで全土が戦場になりました。ドイツ軍はチュニジアを北アフリカの前哨基地と考え、他方イギリスの首相ウィンストン・チャーチルもまた地中海作戦の鍵を握る重要な戦略基地だと考えていたからです。1943年7月にイタリアが降伏、1944年6月6日、連合軍はノルマンディー上陸作戦を遂行し、8月25日にドイツが占領していたパリが解放されました。第二次世界大戦は45年5月にナチス・ドイツ、8月に日本が降伏して終結しました。しかしながら、パレスチナもシリアも、エジプトもリビアも、チュニジアもアルジェリアもモロッコも、そしてサウジアラビアを除く湾岸産油国のほとんどが**イギリスとフランスの支配下**にありました。第二次世界大戦終結は、中東・北アフリカ諸国の人々にとって、戦争のはじまりでしかなかったのです。リビアのカダフィ大佐など戦後、欧米の帝国主義に怒りを露わにして革命政権を打ち立てていったのはこうした過去があるからです。

30 秒でわかる! ポイント

大戦終結まで

リビア

1912年イタリアが支配下に 第二次世界大戦 開始後は連合軍との戦場に。

チュニジア

1943年ドイツ・イタリア軍がリビアから侵入。全土が戦場に。

1943年7月 イタリア降伏

1945年5月 ドイツ降伏

1945年8月 日本降伏

→ **第二次世界大戦 終結**

中東・北アフリカ諸国のほとんどがイギリスとフランスの支配下に。
第二次世界大戦終結は、中東・北アフリカ諸国の人々にとって、
戦いのはじまりでしかなかった。

パックス・アメリカーナの地政学

▶ 01 「パックス・アメリカーナ」の時代

無傷のアメリカの台頭と国連

　歴史家の**ポール・ケネディ**によれば終戦当時、アメリカの金準備高は200億ドルで、世界の総金準備高330億ドルの約３分の２を占めていました。世界の工業製品の半分以上がアメリカで生産され、GDPは、1350億ドルに達し世界最大の輸出国となっていました。この経済力は軍事力にも反映され、1250万人の兵員を擁し、そのうち750万人が海外に派遣されていました。1200隻の軍艦を擁する海軍は世界一の規模を誇り、海兵隊は海上から接近できる地域ならどこでも上陸することができました。原子爆弾はアメリカだけが保有しており、アメリカに歯向かえる国は皆無でした。イギリスの支配による「パックス・ブリタニカ」から**アメリカの支配による平和「パックス・アメリカーナ」**の時代が到来したのです。ところで戦後の国際平和機構設立の必要性が1943年、米・英・中・ソの「モスクワ宣言」で初めて語られ、44年８〜10月、ワシントン郊外のダンバートン＝オークスでの４大国会議の結果、国連憲章草案がつくられました。45年２月のヤルタ会談で拒否権の付与により米ソ超大国間の合意に至り、同年４月連合国50ヵ国が招聘されたサンフランシスコ会議で国連憲章が採択され、10月**国際連合**が正式に発足しました。**本部はニューヨークに置かれ、文字通りアメリカが世界の中心になった**のでした。ダグ・ハマーショルド第２代国連事務総長は国連についてこのように言っています。「国連は人類を天国に連れていくためにつくられたのではない。地獄に落ちるのを防ぐためにつくられたのである」。残念ですがハマーショルドはその後の世界を見事に予言していました。

30秒でわかる! ポイント

「パックス・アメリカーナ」の時代が到来

終戦当時

アメリカの金準備高200億ドル
=
世界の総金準備高330億ドルの約2/3

アメリカ200億ドル

そのほか世界
130億ドル

・GDP1350億ドル
・世界の工業製品の半分以上がアメリカ
 で生産され、世界最大の輸出国に

1250万人の兵員を擁する
750万人が海外に派遣

1200隻の軍艦を所持
→海軍は世界一の規模

原子爆弾
アメリカだけが保有

アメリカが世界の中心に

▶ 02 「パックス・アメリカーナ」の到来

自由資本主義経済の推進

　アメリカが重視したのが**自由資本主義経済**でした。保護関税、競争的為替相場切り下げ、原料の入手制限、自給自足経済政策が第二次世界大戦の遠因になったとの反省から、国際貿易の自由化、経済成長、雇用促進を目的として創設された国際通貨基金（IMF）、国際復興開発銀行（世界銀行）、GATT（WTOの前身）を軸とする第二次世界大戦後の国際経済体制を築いていきます。ところが自由競争主義は、必然的に競争力のある国では有利に働きますが、戦争によって荒廃した国や生産能力がない国には不利でした。そのため、ソ連率いる社会主義圏に対する自由主義圏を築くために**欧州復興計画（通称マーシャル・プラン）**を推進し、欧州16ヵ国に軍事・経済的援助を行ったのです。実際、右ページ図表のように第二次世界大戦以降、資本主義経済の恩恵を受け、北米諸国、欧州諸国、オーストラリア、ニュージーランドが極めて高い水準で経済成長したことがわかります。「パックス・ブリタニカ」（イギリスの平和）から**「パックス・アメリカーナ」（アメリカの平和）**の時代の到来の象徴にもなりました。

　他方、ソ連はというと、計画経済では重工業と軍需産業に重きが置かれ、個人消費は二の次だったため製品の改良はなされず、農産品の生産性も低いままでした。**歴史家ポール・ケネディ**は有名になった著書『大国の興亡』（1988年）で「80年代のアメリカの農業労働者は、69人を養える食料を生産したが、ソ連の農業労働者はわずか8人分しか生産しなかった。50年代から80年代までに人口は8400万人も増えていたのに、国家は国民を十分に養うことができなかったのだ」と評しました。

30秒でわかる! ポイント

マーシャル・プラン

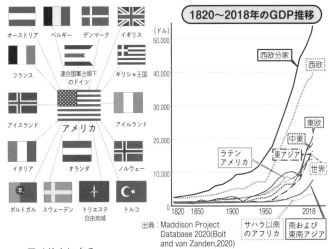

オーストリア　ベルギー　デンマーク　イギリス

フランス　連合国軍占領下のドイツ　ギリシャ王国

アイスランド　アメリカ　アイルランド

イタリア　オランダ　ノルウェー

ポルトガル　スウェーデン　トリエステ自由地域　トルコ

1820～2018年のGDP推移

出典：Maddison Project Database 2020(Bolt and van Zanden,2020)

アメリカによる
欧州16カ国への
軍事・経済的援助 ⇨ 援助を受けた国を含む地域が、高い水準で経済成長していることがわかる。

**重工業
軍需産業** 一方、ソ連は…… **＞** **個人消費**

ソ連の計画経済は、個人消費よりも重工業と軍需産業に比重を置いていたため、製品の改良などはされず農産品の生産性も低いままだった。

ポール・ケネディ

80年代のアメリカの農業労働者は、69人を養える食料を生産したが、ソ連の農業労働者はわずか8人分しか生産しなかった。50年代から80年代までに人口は8400万人も増えていたのに、国家は国民を十分に養うことができなかったのだ。

▶ 03　冷戦勝利における陰の立役者

アメリカの防共戦略
地政学上の鍵を握った
日本とイスラエル

　第二次世界大戦後、日本の植民地支配から解放された**朝鮮半島**では、北緯38度線を境に南をアメリカ、北をソ連が占領し、1948年に**韓国と北朝鮮が成立**しました。49年10月１日には、中華人民共和国が成立、毛沢東が中央政府主席になりました。毛沢東は建国直後の12月にソ連を訪問、スターリンと会談、50年２月に中ソ友好同盟相互援助条約を締結しました。中国がソ連との同盟を結んだ直後の同年６月、北朝鮮が軍事境界線を越えて韓国に侵攻すると、朝鮮戦争が勃発しました。朝鮮半島は焦土と化し、400万人以上が犠牲になったと見られています。アメリカはアジアで共産主義勢力を封じ込めるために日本を西側陣営の砦として国力を強化する戦略に出ます。米ソ対立が強まる中で、日本を西側陣営に組み込むために政治的配慮があらゆる問題に優先するようになり、天皇の戦争責任も事実上問われませんでした。

　極東でアメリカが重視したのは日本でしたが、中東でアメリカが重視したのがイスラエルでした。アメリカにはナチスから逃れたユダヤ系市民が700万人以上いるとされていますが、これはイスラエル国内の人口に匹敵するほどです。イスラエルはソ連が軍事支援していた中東諸国と度重なる戦争を行いましたが、アメリカから武器供与を受ける代わりにイスラエルが奪取したソ連製の戦車や戦闘機をアメリカに提供していました。アメリカはそれを研究し、ソ連の技術を捕捉していました。冷戦に勝利できたのはイスラエルの大きな貢献があったからとも考えられています。そのため今もアメリカはイスラエルを重要な同盟国と位置付けて全面的に支援しているのです。

30秒でわかる！ ポイント

アメリカにとっての日本とイスラエル

中ソ友好同盟相互援助条約　　　　朝鮮戦争

西側陣営
の砦

アメリカは中ソ友好同盟相互援助条約や朝鮮戦争の勃発を受け、アジアの共産主義勢力の封じ込めを狙い、日本をアジア圏の西側陣営の砦にするべく国力強化を進めた。

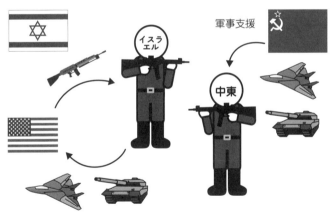

アメリカから武器を供給されたイスラエルと、ソ連が軍事支援していた中東諸国。

アメリカはイスラエルが中東諸国から奪取したソ連製の戦車や戦闘機などの提供を受け、ソ連の軍事技術を捕捉することができた。その結果、冷戦の勝利につながったといえる。

現在もアメリカは同盟国としてイスラエルの支援を続けている。

▶ 04　冷戦下における米ソの動き

NATOによる
ソ連封じ込め戦略

　1948年6月24日のベルリン封鎖、1949年の東西ドイツ分離独立によって冷戦は決定的になりました。アメリカは、1949年4月に発足した**北大西洋条約機構（NATO）**で集団安全保障を確立してソ連の影響力を封じることを目指しました。第二次世界大戦時、連合国軍最高司令官でノルマンディー上陸作戦も指揮した**ドワイト・アイゼンハワー**が1952年に第34代大統領に当選すると、大統領の右腕として外交のトップの国務長官に就任したのが対ソ連強行派の**ジョン・F・ダレス**でした。ダレス国務長官は、共産主義勢力に対する政策統合を目的として、1947年に国家安全保障法によって創設された機関である国家安全保障会議を強化しました。1949年にソ連が核兵器の開発に成功後、開発競争が激化すると、1954年1月、アメリカの外交の基本戦略を**大量報復**に置くと宣言しました。アメリカは、ソ連を封じ込めるために、多くの国に介入していきます。トルコやギリシャ、イスラエル、サウジアラビア、イラン、パキスタン、フィリピン、日本、韓国を事実上支配下に置いたのです。南北に分断されていたベトナムで社会主義のベトナム民主共和国（北ベトナム）と資本主義のベトナム共和国（南ベトナム）では以前から小競り合いが続いていましたが、1964年からアメリカが南ベトナムを支援したのは、東南アジアで共産主義を打倒するためでした。一方で**ソ連**も負けてはいませんでした。1955年にNATOに対する軍事的対抗措置としてポーランド、東ドイツ、チェコスロバキア、ハンガリー、ブルガリア、ルーマニア、アルバニアなど東欧の社会主義諸国と**ワルシャワ条約機構**を始動しました。

30秒でわかる！ ポイント

ソ連を抑えるNATOの動き

第二次世界大戦後、資本主義（自由主義）vs.共産主義（社会主義）の対立が激化

アメリカはヨーロッパの安定を確保するために集団安全保障を確立する。ソ連を封じ込めるために1949年4月、北大西洋条約機構（NATO）を発足する。

さらに、社会主義国家を封じ込めるために、トルコ、ギリシャ、イスラエル、サウジアラビア、イラン、パキスタン、フィリピン、日本、韓国を支配下に置く。

一方ソ連は、1955年に東欧社会主義諸国とNATOに対抗する軍事的同盟「ワルシャワ条約機構」を始動する。

ワルシャワ条約機構加盟国

ポーランド
東ドイツ
ハンガリー
ルーマニア
チェコスロバキア
ブルガリア
アルバニア
ソ連

キューバ危機

米ソ冷戦の
時代①

　1962年10月、**ソ連がアメリカの主要都市を射程内にとらえる核ミサイルをキューバに配備**したことが判明すると、アメリカの**ケネディ**政権内では空爆などで脅威を除こうという軍事行動派と、海上封鎖で圧力をかけ交渉で撤去させようという封鎖派が対立しました。ソ連の最高指導者フルシチョフは、トルコの基地にアメリカが配備していた核ミサイルに対抗する措置としてミサイルを配備したのでした。アメリカは偵察機で撮影したミサイル基地の写真を詳細に分析して、ミサイルを撤去しない場合は攻撃も辞さないと脅します。ケネディ大統領は核戦争を回避するため封鎖策を選び、フルシチョフも最終的にはミサイル撤去に応じました。**史上最も核戦争に近付いた危機**でした。キューバ危機は、地政学でも重要な出来事です。危機が回避されたことによってアメリカもソ連もともに相手が核使用を恐れていることがわかり、結果的に**核抑止時代**の始まりになったからです。

　このキューバ危機以降、アメリカとソ連の間には**ホットライン**ができ、両国首脳は電話会談ができるようになりました。設置の目的は、２大超大国の首脳間で直接に意志疎通を図ることで、偶発的に戦争が発生しないようにという意図からでした。ホットラインは、1967年の６月に起きた第三次中東戦争（6日戦争）の際に初めて利用されました。この時は、開戦後まもなくモスクワから国防総省にかかってきたもので、アメリカのジョンソン大統領とソ連のコスイギン首相は停戦に向けて努力することを話し合いました。直接対立は回避されましたが、代理戦争は世界各地で起きました。

30秒でわかる! ポイント

ソ連の核ミサイル射程範囲

ワシントン
ニューヨーク
ノーフォーク
ダラス
ニューオリンズ
ヒューストン
アメリカの海上封鎖
ソ連がミサイル配置
ハバナ
メキシコ
キューバ
カリブ海
ハバナからのミサイル射程

1962年10月 ソ連がアメリカの主要都市を射程内にとらえる核ミサイルをキューバに配備

アメリカでは……

軍事行動派
空爆などで脅威を除く

VS.

封鎖派
海上封鎖で圧力をかけ交渉で撤去

の対立に

戦争回避のため封鎖策を

ミサイル撤去

ケネディ → 史上最も核戦争に近付いた フルシチョフ

核抑止時代の始まり ⇨ アメリカもソ連もともに相手が核使用を恐れていたため

アメリカとソ連のホットライン開通

両国首脳は電話会談ができるように 設置の目的は、2大超大国の首脳間で直接に意志疎通を図ることで、偶発的に戦争が発生しないようにという意図から。

戦争やめましょう

▶ 06　東西陣営接近の背景

アメリカの中国接近

米ソ冷戦の
時代②

　東南アジアでは、**ベトナム**が北と南で分断され、北の共産主義が優勢となっていました。ベトナムの共産化を阻止する口実でアメリカは1965年から本格的に軍事介入して南ベトナム軍を支援、北爆を行い地上軍を投入、戦闘を続けました。ところがゲリラ戦で泥沼化し、死者数も増加、批判的な世論も高まったため、**リチャード・ニクソン大統領**は、軍事的関与を控えることで、ベトナム戦争の解決を探りました。名誉ある撤退と今後の東南アジアへのアメリカの影響力を確保するためにはどうしたらいいでしょうか。1969年3月、アムール川（黒竜江）の支流の中州であるダマンスキー島（中国語名は珍宝島）の領有権を巡って大規模な軍事衝突が起きて以降、ソ連と関係が極度に悪化していた**中国**に近付くことでソ連と共産主義勢力を牽制する戦略をアメリカは実行します。1971年7月にニクソン大統領はヘンリー・キッシンジャーを中国に派遣して周恩来首相と極秘に会談、共産主義国の中華人民共和国との関係を回復すると発表しました。中国が、北ベトナムや、ポル・ポト政権を軍事的に支援し関係の深かったカンボジアに、影響力を持っていることもアメリカが同国に接近した理由でした。中国としても、ソ連を牽制すると同時に文化大革命以後停滞していた東南アジアにおける中国外交の主導権を取り戻すという戦略的意味があり、お互いの思惑が一致したのでした。**アメリカが共産主義国と国交を回復した**ことはキューバ危機などと並んで冷戦期における重大事件でした。アメリカに追従してきた日本も中国と1972年9月に日中共同声明を発表して国交を正常化しました。

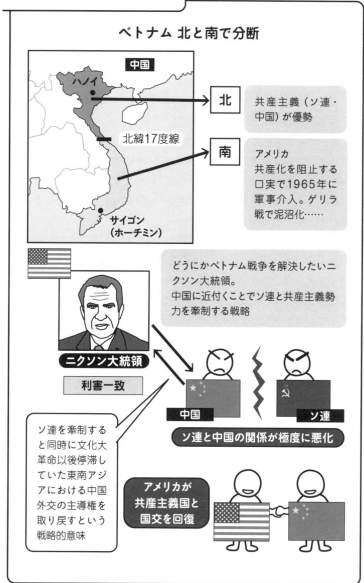

ベトナム 北と南で分断

中国

ハノイ

北緯17度線

サイゴン
(ホーチミン)

北 → 共産主義（ソ連・中国）が優勢

南 → アメリカ
共産化を阻止する口実で1965年に軍事介入。ゲリラ戦で泥沼化……

どうにかベトナム戦争を解決したいニクソン大統領。
中国に近付くことでソ連と共産主義勢力を牽制する戦略

ニクソン大統領

利害一致

中国

ソ連

ソ連と中国の関係が極度に悪化

ソ連を牽制すると同時に文化大革命以後停滞していた東南アジアにおける中国外交の主導権を取り戻すという戦略的意味

アメリカが共産主義国と国交を回復

▶ 07　アメリカはなぜ親イスラエル？

イスラエルの
地政学的価値

　イスラエルはパレスチナ問題でアラブ諸国と敵対しましたが、そ
れが原因で4度もの中東戦争が起きました。56年のスエズ危機をきっ
かけにしてアラブ世界にソ連の影響を受けた社会主義・民族主義的な
連帯を唱える汎アラブ主義（アラブナショナリズム）が広がっていき
ました。そこでアメリカはイスラエルを対**ソビエトブロックの本格的
な盾**として軍事活用することにしました。地政学的にもイスラエルは
絶好の場所にありました。不安定化する中東までアメリカ本土からは
1万4484キロメートル、インド洋に浮かぶ米軍基地ディエゴ・ガルシ
ア島からは4828キロメートルもあります。イスラエルに基地を置けば
中東問題に対処でき、かつ有事の際は東欧への出撃も容易となりま
す。またペルシャ湾岸での変局にも対応できます。それにイスラエル
は大型艦船が接岸できる良港を備えていました。イスラエルはアラブ
諸国との長い戦争で、砂漠、山岳地帯、夜間、対テロリスト対策など
様々なノウハウを持ちます。敵対するアラブ諸国がソ連製兵器T-62、
T-72、Mig-23、Mig-25を使っていたため、戦闘でイスラエルが確保
したソ連製武器をアメリカは研究することができました。アメリカは
こうやって**ソ連の技術を捕捉して冷戦での勝利をつかんだ**のでした。
イスラエルはそういう意味で戦友なのです。またイスラエルは、技術
や根気のいる**諜報活動**にも力を入れています。アラブ諸国やイランの
動きをいち早く知ることが国家の存亡に関わると考えているためで
す。イスラエルの情報機関モサドは世界的に有名で国外のスパイ活動
に人員を送り込んでいると見られています。アメリカのCIA（アメ
リカ中央情報局）とモサドは長年の協力関係にあります。

イスラエルとアメリカの関係

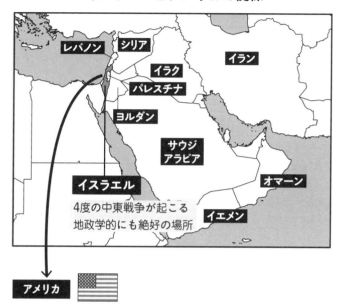

レバノン

シリア

イラン

イラク

パレスチナ

ヨルダン

サウジ
アラビア

オマーン

イスラエル

4度の中東戦争が起こる
地政学的にも絶好の場所

イエメン

アメリカ

- イスラエルを対ソビエトブロックの本格的な盾として軍事活用

- イスラエルに基地を置けば中東問題に対処でき、かつ有事の際
は、東欧への出撃も容易

- ペルシャ湾岸での変局にも対応できる

- 敵対するアラブ諸国がソ連製兵器を使っていたため、戦闘でイス
ラエルが確保したソ連製武器をアメリカは研究することができた

⇨ アメリカはこうやってソ連の技術を捕捉して
冷戦での勝利をつかんだ

▶ 08　資本主義経済システム

アメリカのエネルギー 支配戦略とドル覇権

　エネルギーは常に国際政治を動かす源です。第二次世界大戦中の1943年よりアメリカは、戦後を見据えてサウジアラビアの石油権益を確保するべく、同国に対し武器貸与法を適用して安全保障を約束し、その見返りに44年1月、カリフォルニア・アラビアン・スタンダード石油会社を母体とする合弁会社——後に超巨大石油企業となる**アラムコ（Aramco）**の設立と石油採掘をサウジアラビア政府に認めさせました。高い技術力を有していたアメリカ系企業によって設立されたアラムコは有望な巨大石油鉱脈を次々と発見することになりました。

　サウジアラビアの対岸のイランでも戦後の1953年に、アメリカはイランで石油国有化を宣言したモサデク首相を CIA の工作によって失脚に追い込むと、新しく若い皇帝（シャー）を即位させて傀儡とし石油を意のままにしました。中東湾岸の2大産油国の石油資源を確保したアメリカは、取引を通じてドルの覇権と軍事的覇権を築いていきます。産油国はドルを使って大量のアメリカの武器を買い入れる一方、巨額のオイルマネーを先進諸国の金融機関に積極的に預け入れました。産油国には巨額の資金を投資する先はありませんでしたし、海外に投資するにも自分の判断で直接運用する能力には限界があったからです。資金を預かった先進諸国のメガバンクは、世界各地のビジネスに融資しました。**オイルマネー循環**を通じてアメリカは、**ドル基軸通貨体制**を確立、さらに世界全体にドル融資を通じて**資本主義経済システムを普及させて金融面と産業面での覇権を実現**し、政治面と軍事面でもその地位をゆるぎないものにしていくことに成功するのです。

アメリカのオイルマネー戦略

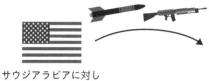

サウジアラビアに対して武器貸与法を適用し、安全保障を約束。

カリフォルニア・アラビアン・スタンダード石油会社を母体とする合弁会社(後のアラムコ)の設立を認めさせる。

サウジアラビア・イランの石油資源を確保したアメリカが築く、ドル覇権と軍事的覇権

ドルを使ってアメリカの武器を大量に買い入れるだけでなく、オイルマネーを先進諸国のメガバンクに預け入れた産油国。メガバンクは、その資金を世界各地のビジネスに融資した。

オイルマネー循環を通じてドル基軸通貨体制を確立したアメリカは、世界全体へのドル融資によって資本主義経済システムを普及させた。金銭面、産業面で覇権を握ることで、政治、軍事でも地位を確立した。

▶ 09　中東を巡る大国の思惑とは

大国が群がった イラン・イラク戦争

　第4章14で詳しく触れるイランのイスラム革命の直後から、イギリスが切り分けた両国の石油輸出にとって要所であるシャット・アル・アラブ川の領域を巡る長年の諍い（いさか）が発端となって1980年9月22日、**イラン・イラク戦争**（〜 1988年8月20日）が始まりました。世俗的社会主義を標榜するイラクにとって、イスラム革命は脅威でもあったのです。イラク軍が全面攻撃を仕掛け、イラン軍がそれを迎撃しました。イラン・イラク戦争で世界に衝撃を与えたのが、冷戦で対立していたアメリカ・西側欧州諸国とソ連が、イスラム革命が世界に広がることを恐れ、ともに**イラク側の支援に回った**ことでした。ソ連はイスラム教徒が多数いるチェチェンや、冷戦終結後独立していくことになるタジキスタンやトルクメニスタンなど数多くの地域を抱えていました。そのため、イスラム教徒のアイデンティティの強化につながる動きに警戒していたのです。フランス、ソ連、中国は、1980年から88年までイラクへ武器を輸出しました。イラクの武器輸入品はこの3ヵ国で約90％を占めました。米・英・仏・ソ・中の安全保障理事会を構成する常任理事国5ヵ国がイラン・イラク戦争に群がったのでした。それ以上に驚きが広がったのが、アメリカがニカラグア内戦を戦う反共ゲリラ・コントラへの資金援助のために、**イランに対しても武器輸出を行っていた**ことでした。これは1986年に発覚して**「イラン・コントラ事件」**と後に呼ばれる一大スキャンダルに発展することになりますが、この問題は中東においてアメリカに対する嫌悪感をさらに深めることになりました。戦争は停戦となりました。

30秒でわかる！ポイント

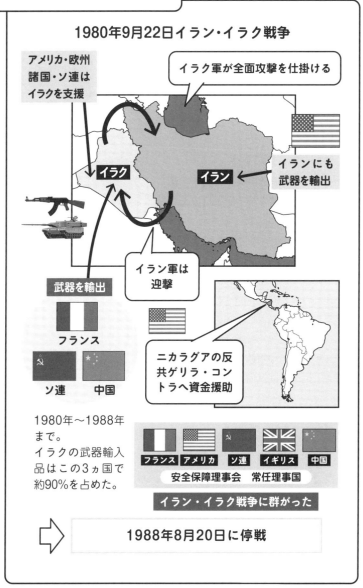

1980年9月22日イラン・イラク戦争

アメリカ・欧州
諸国・ソ連は
イラクを支援

イラク軍が全面攻撃を仕掛ける

イラク

イラン

イランにも
武器を輸出

武器を輸出

イラン軍は
迎撃

フランス

ソ連　中国

ニカラグアの反
共ゲリラ・コン
トラへ資金援助

1980年～1988年
まで。
イラクの武器輸入
品はこの3ヵ国で
約90％を占めた。

フランス　アメリカ　ソ連　イギリス　中国
安全保障理事会　常任理事国

イラン・イラク戦争に群がった

1988年8月20日に停戦

▶ 10 「対アラブ戦線」とは何か

イスラエルの生存戦略

　完全に孤立したように見えた**イラン**でしたが、アメリカから秘密裡に武器を買い入れていました（イラン・コントラ事件）。また、少数派でシーア派系アラウィ派出身の**シリアのアサド大統領**と反欧米を掲げる**リビアのカダフィ大佐**が同国に味方しました。また、信じ難いことに、**イスラエル**もアメリカ製の武器を調達してイランに輸出しイランを援助しました。イスラエルを敵視していたイラン、シリア、リビア側にイスラエルが加わったのは**「対アラブ戦線を形成する」**ためでした。イスラエルがどのようにして中東で生き残りをかけてやってきたか、この行動でもわかります。なお、イスラエルはイラン・イラク戦争の混乱に乗じて自らの安全保障を確立するためにさらなる行動をとります。1981年6月7日、イスラエル空軍機がヨルダン・サウジアラビア領空を侵犯してイラク領に侵入し、イラクが1976年よりフランスの技術で建造していた原子力発電所（未稼働）を空爆して破壊しました（バビロン作戦）。7月17日には、パレスチナ解放機構（PLO）が本部を置いていたレバノンの首都ベイルートも爆撃しました。さらにイスラエルは、1982年6月に起きた同国の駐英大使がPLOメンバーに射殺された報復として、レバノンへ本格的に侵攻します（ガリラヤの平和作戦）。パレスチナ難民にも多数の死者を出し、国際社会から非難を浴びることになりました。最終的に、徹底抗戦していたPLOが8月21日に停戦に応じ、アラファト率いるPLO指導部は、8月30日にチュニジアの首都チュニスへの移転を余儀なくされました。なお、**イラク**は湾岸戦争の時イスラエルにミサイル攻撃をします。イスラエルの攻撃に対して恨みを持っていたのです。

30秒でわかる! ポイント

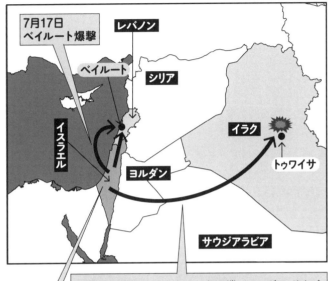

対アラブ戦線

7月17日
ベイルート爆撃

レバノン

ベイルート

シリア

イスラエル

イラク

トゥワイサ

ヨルダン

サウジアラビア

1981年6月7日、イスラエル空軍機がヨルダン・サウジ
アラビア領空を侵犯してイラク領に侵入し、イラクが
1976年よりフランスの技術で建造していた原子力発
電所 (未稼働) を空爆して破壊 (バビロン作戦)

1982年6月
レバノンへ本格的に侵攻　➡　**パレスチナ難民にも多数の死者が**

国際社会から非難を浴びることに

1982年8月21日　PLOが停戦に応じる
8月30日 PLO指導部 チュニジアの首都チュニスへ移転

▶ 11　和平条約は平和をもたらしたか

中東和平の波紋

戦後の中東情勢③

　1979年３月、さらに中東を混沌に陥れる出来事が起こりました。**エジプトとイスラエルの和平条約締結**です。エジプトはアメリカの手引きによって第三次中東戦争でイスラエルに支配されていたシナイ半島が返却される代わりに、イスラエルの存在を認め、和平を約束しました。イスラエルはアラブの敵である、としたアラブ諸国の連帯意識にくさびを打ち込むアメリカのやり方に対し、アメリカとその同盟国である欧州諸国に対する憎しみが中東・北アフリカ地域全体へと蔓延していきます。もともとシナイ半島は67年の第三次中東戦争で一方的にイスラエルが占領したもので、無条件で返却されるのが筋でした。影響は甚大でした。1981年10月、エジプトの**アンワル・サダト大統領**はこの条件をのんだかどで暗殺され、エジプト自体もアラブ連盟から脱退を余儀なくされました。副大統領から昇格した**ホスニ・ムバラク大統領**は、国外の敵の撲滅を目指して軍備の充実を図る一方、治安維持を口実に戒厳令を発布、以後、ムバラクは「アラブの春」まで30年間にわたって逮捕状なき逮捕、抑留を行い、反体制派の言論を封殺して独裁体制を強化しました。

　和平条約締結の波紋は急速に周辺地へも飛び火しました。イランやリビアではアメリカに対する憤りが広がっていきました。1982年６月、エジプトと和平条約を結び中東で平和国家を推進すると約束したはずのイスラエルがレバノンに侵攻し（前項）、レバノン戦争が勃発しました。確かにイスラエルとエジプトはこれ以降戦争をしていません。しかしそれ以外の国家間では戦争が止むことはありませんでした。

30秒でわかる! ポイント

1979年3月　エジプトとイスラエルの和平条約締結

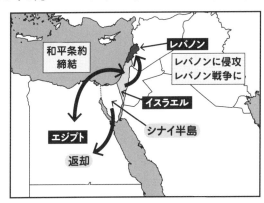

エジプトはアメリカの手引きによって第三次中東戦争でイスラエルに支配されていたシナイ半島が返却される代わりにイスラエルの存在を認め、和平を約束

⇨ アメリカと欧州諸国に対する憎しみが中東・北アフリカ地域全体へと蔓延

**1981年10月
サダト大統領暗殺**

サダト大統領

**エジプト アラブ連盟
から脱退**

NO!!

エジプト　アラブ連盟

ムバラク大統領

「アラブの春」
まで30年間
言論を封殺

エジプトと和平条約を結び中東で平和国家を推進すると約束したはずのイスラエルがレバノンに侵攻し、レバノン戦争が勃発

▶ 12　恐れられたイラン

湾岸諸国による 対イラン防衛協定

　イラン・イラク戦争中、イラクは停戦を受諾する姿勢を一旦は見せましたが、イラン側からミサイルが散発的に飛来したり、機雷がペルシャ湾に浮遊したりするため、戦闘は継続されました。こうした中、クウェートがアメリカにタンカーに対する護衛を要請、アメリカは、クウェートのタンカーに星条旗を掲げさせ、米軍艦の護衛をつけた**「アーネスト・ウィル作戦（Operation Earnest Will）」**が1987年7月から実行に移されました。1988年2月、米軍フリゲート艦がペルシャ湾に出動、4月にイランとの間で交戦すると世界的に緊張が高まりました。それまでイランに寛容だったサウジアラビアが情勢の深刻化を受け、イランとの国交断絶を通告しました。イランはようやく7月に安保理決議598の受諾を表明し、8月20日に停戦になりました。1990年9月10日にはイラン・イラク両国間で国交が回復しましたが両国の犠牲者は100万人以上、両国のインフラの被害総額は2300億ドルに上るほど甚大でした。

　この戦争によって、サウジアラビア、クウェート、アラブ首長国連邦、カタール、バーレーン、オマーンの6ヵ国は**湾岸協力会議（GCC）**を結成し、事実上の対イラン防衛協定を締結しました。イランはそれほど恐れられたのです。アメリカはGCCの後ろ盾として空母を恒常的にペルシャ湾に置くことに成功し、サウジアラビアには最新鋭のF-15戦闘機を実戦配備しました。アメリカはこのようにイラン・イラク戦争をも覇権形成に利用しました。ところがイスラムの聖地を冒涜したとしてアルカイダに恨まれ、テロの標的になるのです。なおイラン革命の父ホメイニ師は1989年6月に死去しましたが、革命後すぐにイラン・イラク戦争になるなど闘争に明け暮れた人生でした。

GCC加盟国とアメリカの関係

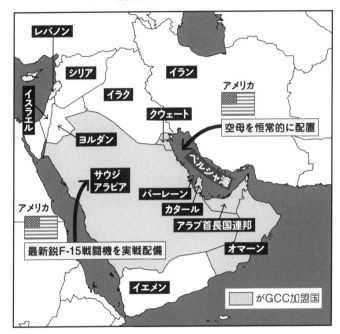

レバノン

シリア

イラン

イスラエル

イラク

クウェート

アメリカ

空母を恒常的に配置

ヨルダン

ペルシャ湾

サウジ
アラビア

バーレーン

カタール

アメリカ

アラブ首長国連邦

最新鋭F-15戦闘機を実戦配備

オマーン

イエメン

　　がGCC加盟国

イラン・イラク戦争によってサウジアラビア、クウェート、アラブ首長国連邦、カタール、バーレーン、オマーンの6ヵ国は湾岸協力会議（GCC）を結成。事実上の対イラン防衛協定を締結。

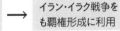

アメリカはペルシャ湾に恒常的に空母を、サウジアラビアにF-15戦闘機を配備 → イラン・イラク戦争をも覇権形成に利用

ところがイスラムの聖地を冒涜したとしてアルカイダに恨まれ、9.11アメリカ同時多発テロの標的になる

▶ 13　湾岸戦争の意味

パックス・アメリカーナの確立

　イラクの**サダム・フセイン大統領**は、クウェートの領域は、イギリスが勝手に国境線を引いたに過ぎず、もともとイラクの領土であり、国境をまたいで地下に眠る石油資源も不当に吸い上げられているとしてクウェートを非難しました。クウェートが取引している主な相手は欧米諸国で、フセインはそれを快く思っていませんでした。1990年8月2日、イラク共和国防衛隊は**クウェート国境を越えて侵攻を開始**しました。8月8日、イラク革命指導評議会は、クウェートの併合を決定し新たにイラク19番目の県「クウェート県」を設置して占領しました。イラクは再三にわたる国連安保理による撤退要求を無視する一方、サウジアラビアに対する侵攻をもほのめかしたことから、91年1月17日、欧米諸国を中心とする**多国籍軍が「砂漠の嵐作戦(Operation Desert Storm)」を実行して湾岸戦争**になりました。フセインは、アラブ（イスラム教徒）対イスラエル（ユダヤ教徒）の構図を築こうと考え、1月18日からイスラエルへ向けスカッドミサイル「アル・フセイン」と「アル・ファジャラ」を発射、イスラエル最大の都市テルアビブなどを攻撃しました。最終的にイスラエルは42日間に18回39発のミサイル攻撃を受け、うち10回の攻撃で226名が負傷し、7名が死亡しました。この湾岸戦争はアメリカの覇権を世界的に喧伝する戦争になりました。**ソ連なき後、世界の安全を脅かす「悪者」はアメリカが成敗するという明確なサイン**になったからです。結局、湾岸戦争は、イラクが安保理決議687を受諾することによって、終結へと向かうことになりました。

30秒でわかる! ポイント

湾岸戦争でアメリカが得たもの

サダム・フセイン

> クウェートの領域は、イギリスが勝手に国境線を引いたに過ぎない!
> もともとイラクの領土であり、国境をまたいで地下に眠る石油資源も不当に吸い上げられている!

1991年 1月17日	欧米諸国を中心とした多国籍軍が「砂漠の嵐作戦」を実行 湾岸戦争勃発
1月18日	イスラム教徒とユダヤ教徒の対立構図を描くため、イスラエルのテルアビブなどに向けスカッドミサイルのアル・フセインとアル・ファジャラを発射
2月28日	戦争停止

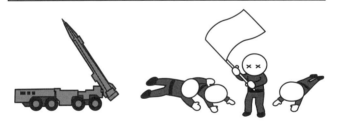

湾岸戦争は42日間で終結したが、その間にイスラエルは計18回39発のミサイル攻撃を受け、うち10回の攻撃で226名が負傷し、7名が死亡した。

世界の安全を脅かす「悪者」は正義のアメリカが成敗するという図式が成り立ち、アメリカの覇権を世界的に喧伝することに。

▶ 14　世界一の軍事予算で圧倒

アメリカの軍事力

**覇権国
アメリカ①**

　アメリカの国章には、国鳥のハクトウワシがオリーブと矢を握りしめた絵が描かれています。ハクトウワシは、北アメリカの沿岸部に分布する大型の猛禽類で、古くから神聖な生き物と見なされてきました。そのワシが握りしめているのが13本の矢と13枚の葉がついたオリーブです。ハクトウワシの頭は平和の方に向いていますが「アメリカは平和を求めるが、戦いの準備はいつでもできている」というメッセージが込められているといわれています。現在は In God We Trust と中央にありますが、1955年まで E PLURIBUS UNUM——多数から1つへ、つまり**「多州から統一国家へ」**という標語が記されていました。13は独立当初の13州を表します。アメリカは1776年に建国されましたが、面積は983万3517平方キロメートル（50州・日本の約26倍）で、人口 約 3 億3500万人（2023年10月米統計局推計）です。**2023年GDP は、26兆8500万ドルで世界一です。軍事予算も世界一の8167億ドル**で、第 2 位から第11位までの国を合わせてもアメリカの軍事予算にかないません。**米軍の総兵力は、陸軍約49万人、海軍約40万人、空軍約37万人、海兵隊約17万人、総計約143万人**で、そのうち17万3000人が159 ヵ国に駐留し、世界80 ヵ国にある730の米軍事施設・基地で任務にあたっています。アメリカ軍は地域別と機能別で編成されています。地域別では世界を 6 つの管轄区分に分け、有事に備えて24時間体制で監視、24時間以内に世界中のどこにでも出撃可能だとされています。ただし議会の承認を受けずに大統領令のみに基づいて出撃した場合、事後48時間以内に下院議長と上院議長に書面で報告する必要があります。

30秒でわかる！ ポイント

アメリカ軍の組織力

アメリカ合衆国

1776年7月4日建国

・面積：983万3517平方キロメートル（世界第3位）
・人口：約3億3500万人（世界第3位）
・GDP：26兆8500万ドル（世界第1位）
・軍事費：8167億ドル（世界第1位）
・アメリカ軍総兵数：約143万人（世界第3位）

アメリカ軍の構成

アメリカ軍は、陸軍、海軍、空軍、海兵隊、宇宙軍、沿岸警備隊の6軍種からなっており、地域別、機能別に編成された統合軍によって運用される。地域統合軍は6つの地域と、宇宙を合わせた7管轄に分けられている。

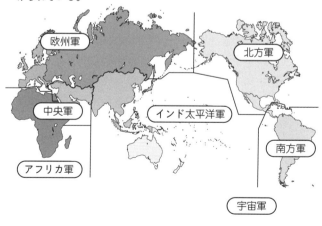

▶ 15　アメリカ軍の組織構造

アメリカ軍が支配する世界

　世界最強のアメリカ軍は、陸軍・海軍・空軍・海兵隊・宇宙軍の5軍からなる常備軍に、海上警備にあたる沿岸警備隊を加えた6つの軍からなります。沿岸警備隊だけが国土安全保障省所属、他は国防総省（ペンタゴン）に所属。**陸軍（U.S. Army）**は米軍の主軸でアメリカ独立戦争（1775〜83年）時に組織された大陸軍を起源とする軍隊です。歩兵などからなる戦闘部隊、砲兵・工兵・軍医・輸送・通信などを担当する戦闘支援部隊、「グリーンベレー」と呼ばれる特殊部隊などの部隊があります。**海軍（U.S. Navy）**も海兵隊とともにアメリカのシーパワーを担うアメリカ独立戦争中の1775年に設立された大陸海軍を起源とする軍隊です。人員、保有する艦艇、予算など、世界最大規模で世界各国に拠点を持ち、世界中の海洋に艦隊や部隊を展開しています。**空軍（U.S. Air Force）**は1907年アメリカ陸軍から独立した航空機部門が1947年に空軍に昇格。7000機以上の航空機や大陸間弾道ミサイルを運用するほか、軍事衛星の打ち上げ・運用の中心的な役割を担います。世界各地に基地があります。**宇宙軍（U.S. Space Force）**は2019年に設立された新軍種で主に空軍にあった宇宙関連部隊の権限を集約し、衛星の防衛を含む宇宙戦略の構築面で主導的な役割を果たすことを目的に72年ぶりに創設された軍隊です。各国の宇宙開発競争はますます激しくなっており人員は劇的に拡大すると見込まれています。**沿岸警備隊（U.S. Coast Guard）**はアメリカの港湾、領海、公海水域の管理および保安に関する任務を担っています。管轄地域別では、北米、ロシア、欧州、太平洋、南米、中東、アフリカと全世界をカバーしています。

30秒でわかる! ポイント

アメリカ軍の編成

国防総省(ペンタゴン)					国土安全保障省
陸軍省	海軍省		空軍省		沿岸警備隊
陸軍	海軍	海兵隊	空軍	宇宙軍	

陸軍(U.S. Army)

約49万人。アメリカ独立戦争の大陸軍が起源。歩兵や特殊部隊からなる戦闘部隊と、砲兵・工兵・軍医・輸送・通信などを担当する戦闘支援部隊がある。

海軍(U.S. Navy)

約40万人。アメリカ独立戦争の大陸海軍が起源。原子力空母11隻、原子力潜水艦71隻、90隻以上の駆逐艦や巡洋艦を含む約270隻の戦闘艦と、攻撃機、哨戒機など2640機の飛行機を保有。

空軍 (U.S. Air Force)

約37万人。1907年に陸軍で創設された航空機部門が1947年に空軍として独立。7000機以上の航空機を有し、制空、物資輸送のほか、大陸間弾道ミサイルの運用、軍事衛星の打ち上げなどにも関わる。

宇宙軍 (U.S. Space Force)

約8400人。2019年に設立された新軍種。空軍にあった宇宙関連部隊の権限を集約し、衛星の防衛を含む宇宙戦略の構築面で主導的な役割を果たす。

他に、上陸・急襲が主たる任務の海兵隊(U.S.Marine Corps)や、アメリカの港湾、領海、公海水域の保安を担う沿岸警備隊(U.S.Coast Guard)がある。

▶ 16　第4の軍事組織と日本

強国アメリカを支える海兵隊

　世界の軍隊は主に陸軍、海軍、空軍から組織されていますが、アメリカには、上陸・急襲が主たる任務の**海兵隊（U.S. Marine Corps）**という第4の特別な軍事組織が存在します。アメリカ独立戦争中の1775年に設立された大陸海兵隊を起源とする軍隊で第二次世界大戦において敵地に強行上陸を行う水陸両用作戦を展開し、その威力・名声を世界にとどろかせました。海上で艦船による戦闘を主に行う海軍に対し、海兵隊は敵地への上陸作戦を専門に行う軍事組織です。すなわち**海外での武力行使を担う専門部隊**であり、そのため即応性の高い陸、海、空の戦力を持ち、独自に作戦を展開することが可能となっています。もともと海兵隊は太平洋を主戦場として日本軍の拠点である島嶼部への上陸作戦や朝鮮戦争やベトナム戦争などで活躍し、その存在価値を高めていきました。そのため、日本の岩国と沖縄に海兵隊基地があります。その後も、湾岸戦争からイラク戦争、アフガニスタン戦争まで、アメリカの主な対外戦争で常に最前線に投入されることになりました。在日米海兵隊はアメリカ海兵隊として唯一海外に展開している即応部隊で、中東のみならずインド太平洋地域で紛争が発生した場合、迅速に展開できる体制維持の重要な役割を担っています。**沖縄に拠点を置く第3海兵遠征軍司令部は、在日米軍の中で最大となる1万2000人程度の人員を常時抱えており**、こちらも中国や北朝鮮における不測の事態に対応する即応性を維持しています。沖縄は太平洋における戦略的シーレーンに近接しており、地理的に重要な位置にあるからです。

30 秒でわかる！ ポイント

強いアメリカを支える海兵隊

海兵隊(U.S. Marine Corps)

約17万人。アメリカ独立戦争の大陸海兵隊が起源。海兵隊の主たる任務は上陸・急襲などで、海外での武力行使を担う専門部隊であり、そのため即応性の高い陸、海、空の戦力を持ち、独自に作戦を展開することもできる軍事組織。

第二次世界大戦において敵地に強行上陸を行う水陸両用作戦を展開し、その威力・名声を世界にとどろかせた。

在日米海兵隊

在日米海兵隊はアメリカ海兵隊として唯一海外に展開している即応部隊。沖縄に拠点を置く第3海兵遠征軍司令部は、在日米軍の中で最大となる1万2000人程度おり、中国や北朝鮮における不測の事態に対応するべく人員を常時抱えている。沖縄県のほかに山口県岩国航空基地と、静岡県にあるキャンプ富士訓練センターに常駐している。

沖縄県にある全ての基地の総称をキャンプ・バトラーという。

米海兵隊キャンプ・バトラーに属する主な基地

キャンプ・ゴンサルベス

伊江島補助飛行場

キャンプ・シュワブ

キャンプ・ハンセン

キャンプ・コートニー

キャンプ・レスター

キャンプ・フォスター

キャンプ・キンザー

▶ 17 「自由民主主義」勝利後の世界①

アメリカの一極支配と デモクラティック・ ピース論

　1989年、ソ連の衛星国であった東欧諸国で市民の不満により共産主義体制が次々に倒れると（東欧革命）、ソ連からバルト3国が独立、1991年末にはさらに複数の共和国が独立し、最終的に中央集権体制が崩壊しました。1990年3月、ソ連総書記から憲法改正に伴い初代のソ連大統領に就任していた**ゴルバチョフ大統領**が1991年12月25日辞任を表明し、議会も解散、ソ連邦は1922年以来の歴史を終えます。こうして**ソ連が崩壊し正式に冷戦は終結しました**。二極構造論の時代は過ぎ去り、アメリカ一極集中時代になりました。「共産主義に自由民主主義が勝利した」と西側諸国は勝利に酔いしれます。ところが冷戦終結からほどなくして、ユーゴスラビアが崩壊し、ソマリアなどで紛争が激化、中東でも湾岸戦争が勃発しました。冷戦が終結しても戦争が起きるのはなぜか。戦争と政治体制との相関性が研究され、民主国家同士の戦争は極めてまれであると主張する**「デモクラティック・ピース論」**がクリントン政権下で**オルブライト国務長官**らを通じて外交政策の機軸とされていきます。これが中東への軍事介入の大義名分となりました。さらにアメリカは世界中（特に旧共産主義圏やアフリカ）で民主化とセットにして市場経済化・貿易自由化政策も推進しました。マクロ経済を安定させ、国営企業の民営化、金融の自由化、規制緩和などを通じて市場機能を整備するように国際通貨基金（IMF）とともに勧告しました。ところがIMFの構造調整政策の影響で都市と地方の格差と地域間の格差が生み出されました。強い者だけが生き残る。そのような政策に反感も高まりました。

3

アメリカの一極支配

1991年、ソ連は崩壊し冷戦は終結。アメリカ
は唯一の超大国になる。

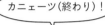

カニェーツ（終わり）！

⬇

しかし、資本主義 vs. 共産主義の二極化が崩
れたことで世界はバランスを失いバルカン
半島、コーカサス地方、中東や東アフリカな
ど各地で紛争が起こる。

ゴルバチョフ

⬇

関与と拡大

アメリカは、民主国家同士の戦争は極めてまれ
であると主張する「デモクラティック・ピース
論」を掲げ、クリントン政権は「関与と拡大政
策」によりそれほど敵対的関係にない国家に対
して、民主国家になるよう思想や政策を押し付
ける形で民族紛争、独裁国家、テロリズムなど
を理由に口を挟むようになる。

クリントン

⬇

旧共産圏やアフリカの途上国に対して、国際通貨基金（IMF）から
金融支援を受けるための条件として、民主化とセットにして、国
営企業の民営化、金融の自由化、規制緩和などを求め、市場経済
化・自由貿易化政策で介入する。

⬇

**IMFの構造調整政策の影響で地域間格差が生み出され
アメリカの外交政策に反感が高まる結果となった。**

NATO拡大戦略

冷戦終結②

　2024年３月現在 **NATO** の正式メンバー国は32ヵ国ですが、冷戦崩壊時のメンバー国は16ヵ国でした。1997年７月、NATO は、チェコ共和国、ハンガリー、ポーランドの３ヵ国の加盟を認め、東方拡大のプロセスに入りました。ロシアは反対を唱え続けていたものの、ロシアを敵と見なさないとする相互関係・協力に関する文書にしぶしぶ調印しました。NATO の東方拡大は、ロシアに対する挑戦であり、21世紀にはその転覆をロシアは外交目標とするだろうと主張する識者もいました。その予想通り、ロシアは西側の拡大路線に異議を唱え、ウクライナに2022年２月に侵攻しました。

　ロシアも、ソ連崩壊後、独立国家共同体（CIS）を設立、旧ソ連圏に影響力を維持しようと努力してきました。ロシアの通貨ルーブルを共通通貨とする「ルーブル圏」構築を目指しましたが、関税同盟を築くこともできませんでした。共同平和維持軍の設立も模索しましたが、逆にソ連時代に戻るとして各国の指導者に警戒されてしまい頓挫してしまいました。冷戦終結後、ロシアは欧州の非核化、米軍プレゼンスの削減を要請していたものの、反対に欧州は米ミサイル防衛（MD）の東欧配備を計画。これに反発したロシアは、2007年12月に欧州通常戦力（CFE）条約の履行を中断、以降、ロシアと欧州の間で相互不信が深まっていくことになりました。ロシアではその後、**ネオ・ユーラシア主義**という、ロシアをアジアでもヨーロッパでもないと地政学的に定義した民族主義的思想潮流が台頭します。1920年代から存在した同思想はプーチン大統領の思想の根幹をなすといわれています。

30秒でわかる! ポイント

NATO加盟国の拡大

1949年結成時12カ国:アメリカ、イギリス、ベルギー、デンマーク、フランス、カナダ、アイスランド、イタリア、オランダ、ノルウェー、ポルトガル、ルクセンブルク

冷戦中の加盟国:ギリシャ、トルコ、ドイツ、スペイン

1999年東欧諸国が加盟:ポーランド、チェコ、ハンガリー

2004年東欧諸国の加盟拡大:エストニア、ラトビア、リトアニア、スロバキア、スロベニア、ルーマニア、ブルガリア

2009年以降の加盟:アルバニア、クロアチア、モンテネグロ、北マケドニア、フィンランド(23年加盟)、スウェーデン(24年3月7日加盟)

※加盟希望国 ボスニア・ヘルツェゴビナ、ジョージア、ウクライナ

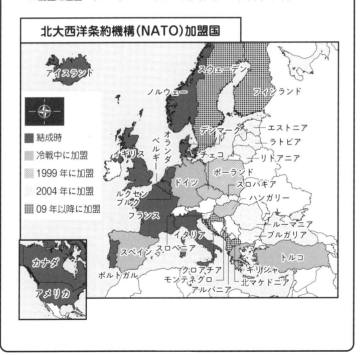

北大西洋条約機構(NATO)加盟国

第 4 章

パックス・シニカ/
パックス・ロシアーナ/
新興国の地政学

▶ 01 「強中国夢」は実現するか

中国の台頭と覇権

中国の
現代地政学①

　世界的コンサルティングの大手、プライスウォーターハウスクーパース（PwC）は、2050年時点で**中国**のGDPはアメリカの約1.5倍になり、圧倒的な経済大国として台頭すると予想しています。実際、中国の**習近平国家主席**は**「強中国夢」**を掲げ、世界で唯一の超大国、つまり、経済的、軍事的、文化的な覇権を握るために邁進しています。ハドソン研究所中国戦略センター所長で国防総省顧問の**マイケル・ピルズベリー**は、著書『China 2049 秘密裏に遂行される「世界覇権100年戦略」』（2015年）で、この習の夢について、毛沢東が中国の指導者となり共産主義国家を樹立して100年目に当たる2049年に実現したいと考えていると論じています。

　中国は清時代以降、様々な国の侵略を受けてきました。内戦を含む数々の戦争の後、中国を統一したのが、毛沢東率いる共産党でした。以来、70年余りにわたって中国共産党がこの国を率い、個人の生活と収入を向上させてきました。言論の自由などの基本的な人権が制限される中でなぜ中国人民は共産党へ厚い信頼を寄せるのか、その理由がここにあります。しかし国土が広いため、都市部と地方部の生活の質はかなり開きがあります。その意味でも、**分け隔てのない経済成長**が最優先事項となっています。

　中国共産党指導部は、7人の党中央政治局常務委員からなり、最高実力者が国家主席です。習近平国家主席は2期10年の任期を自ら撤廃し、**独裁**を強めています。党員は公式発表では9804万人（2022年12月末時点）といわれています。中国の若者は就職などが有利になることから党員を志望します。**権力のピラミッドの維持**が共産党指導部の至上命題です。

中国の台頭

> 2050 年には中国の GDP はアメリカの約 1.5 倍になり、圧倒的な経済大国として台頭すると予想される。

中国共産党指導部と党員

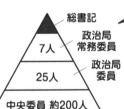

総書記
政治局常務委員
7人
政治局委員
25人
中央委員 約200人
共産党員 9804万人

> 7 人の党中央政治局常務委員から構成される中国共産党指導部。その最高実力者である習近平国家主席は 2 期 10 年の任期を撤廃し、独裁を強めている。

中国国民約14億人

習近平

就職に有利に働くため、党員を志望する若者も多くいる。

中国人民解放軍の実力

中国の
現代地政学②

　ストックホルム国際平和研究所（SIPRI）によると2022年の**中国の**防衛予算はおよそ2920億ドルで、アメリカの予算8770億ドルの半分にも満たない額です。ですが**世界第2位の軍事予算規模**で、人員は**230万人に及ぶ世界屈指の軍隊**を持ちます。中国は、中国本土での内戦の勝利に貢献したことから、「陸軍こそ建国に貢献した存在だ」という意識が強く、陸軍の強化に余念がありません。なお、主要戦艦は中国が348隻に対し、アメリカは296隻と勝っています（2021年米議会調査局）。ただし航空母艦の数は中国の2隻に対してアメリカは11隻を保有しています。原子力潜水艦や巡洋艦、駆逐艦、大型戦艦の数でもアメリカが勝っています。右ページ図表の第一列島線および第二列島線は、中国の軍事戦略上の概念のことで、戦力展開の目標ラインであり、対米防衛線でもありますが、中国は地政学上シーパワーとしての存在感を強めるため海軍を今後もさらに増強していくと考えられます。中国はその他、ミサイル技術、核兵器、人工知能（AI）といった分野にも力を入れており、大気圏内を飛行する極超音速滑空ミサイルや軍用のロボット、ミサイル誘導システム、無人航空機、無人艦艇などの開発を行っています。また、中国は大規模なサイバー作戦を実施しているという専門家の分析もあります。

　中国は1979年の中越戦争以来、対外戦争を行っておらず、**平和主義を原則**としています。ただし**台湾**に関して、周近平国家主席は、**「祖国の完全な統一を実現することは歴史の必然である」**と発言しており、中国はアメリカの介入には断固として抵抗していくでしょう。

中国とアメリカの2022年の防衛予算比較

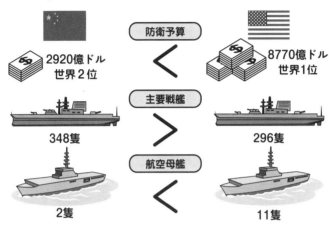

防衛予算

2920億ドル
世界2位

<

8770億ドル
世界1位

主要戦艦

348隻

>

296隻

航空母艦

2隻

<

11隻

第一列島線

第二列島線

中国の戦力展開の目標ラインであり、対米防衛線でもある第一列島線と第二列島線。今後もシーパワーとしての存在感を高めるため、海軍をさらに増強していくと予想される。

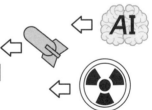

AI

ミサイル技術、核兵器、人工知能（AI）にも力を入れ、大気圏内を飛行する極超音速滑空ミサイルや軍用のロボット、ミサイル誘導システム、無人航空機、無人艦艇などを開発する中国。大規模なサイバー作戦を実施しているという分析もある。

▶ 03　軌道に乗る中華経済圏構想

アジアインフラ投資銀行（AIIB）と「一帯一路」構想

　中国はハートランドを支配してパックス・シニカ（中国による平和）を構築するために２つの巨大戦略を実行しています。**アジアインフラ投資銀行（AIIB）**と**「一帯一路」構想**です。AIIB は、2013年の10月の APEC 首脳会談で、習国家主席が提唱したもので15年に設立以来、**22年９月時点で103の国と地域にまで拡大**しています。アジア向けの国際開発金融機関でアメリカ主導の IMF（国際通貨基金）や、日米主導の ADB（アジア開発銀行）に対抗する意図があります。この AIIB の背後にあるのが、2013年に同じく習国家主席が提唱した「一帯一路」構想です。一帯一路は、シルクロード・ルートに沿った国々の経済統合を加速することを目的とした長期的な大陸横断政策で**現在71ヵ国が参加**しています。この親中華圏構想には、世界の GDP の３分の１以上、世界の人口の３分の２が含まれます。

　AIIB と「一帯一路」構想は、**石油と資源を狙った中華経済圏構想**でもあります。中国は、**2017年から世界１位の石油輸入国**です。21年に中華人民共和国に輸出された原油のコストは、2293億米ドルで、17年から41.4% 増加し、20年から21年にかけて30% 増加しました。21年上位輸出国の５ヵ国はサウジアラビア、ロシア、イラク、オマーン、アンゴラで、中国の総原油輸入量の59.6% を供給しました。アルジェリア、ブルネイなどの小規模なサプライヤーを含めると44ヵ国が中国本土に原油を供給しています。カザフスタンやトルクメニスタンなど内陸部の国々からも石油輸入を増やす狙いがあるのです。なお、原油を買う時、中国は中国人民元で払います。中国政府は、同時に**ペトロユアン（石油支払いの人民元）のプレゼンスを高めたい**という狙いがあるからです。

30秒でわかる! ポイント

アジアインフラ投資銀行(AIIB)とは?

アメリカ主導のIMF(国際通貨基金)や日米主導のADB(アジア開発銀行)に対抗するため、2013年のAPEC首脳会談で習国家主席が提唱したアジア向けの国際開発金融機関。2015年に設立後、加盟国は2022年9月には103の国と地域にまで拡大している。

石油と資源を狙った中華経済圏構想

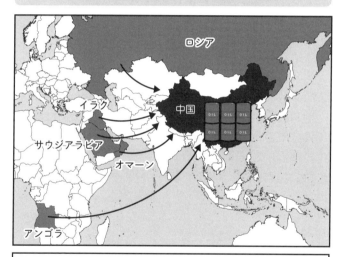

2021年上位原油輸出国の5ヵ国は、中国の総原油輸入量の59.6%を供給。それ以外にも、アルジェリア、ブルネイなどの小規模なサプライヤーを含めると44ヵ国が中国本土に原油を供給している。

▶ 04　中国元のプレゼンスの高まり

国際通貨の覇権
ドルVS.元

　世界の通貨の覇権はその信用力から米ドルが握ってきました。不安定な国の中央銀行が「お金」と指定した「紙」はいつ「紙クズ」になるかわかりません。このような理由から**各国は貿易決済のために外貨準備としてドルやユーロや円を保有している**のです。今この通貨に挑もうとしている国があります。中国です。中国は、莫大な量の石油を輸入していますが、この支払いを元で行っています。産油国だけでなく対ロシアや対ブラジルでも中国は支払いを元で行っています。中国の戦略は、支払った元で中国の製品を買ってもらう、というものです。

　国際決済銀行（BIS）の2022年4月の世界外為市場取引高調査によると、**世界の為替市場における米ドルの取引シェア（全体100％で表示）は44.2％と、2位のユーロ（15.3％）、3位の日本円（8.3％）**と比べても圧倒的なシェアを維持しています。中国人民元のシェア上昇は顕著で、**英ポンドに次ぐ5位（3.5％）**まで上昇してきました。特にロシアのウクライナ侵攻を受けた西側諸国によるロシアの外貨準備凍結や、ロシア主要金融機関の国際銀行間通信協会（SWIFT）からの排除などの経済制裁により、ロシアは中国経済への依存とともに、元への依存度も高まっているといえます。実際ロシアによるウクライナ侵攻後ルーブルと元の取引額が大幅に増加して対ドルの取引額を上回り、ロシアにとっては元がドルに匹敵する重要な通貨となりました。ロシアやイランのように地政学的にアメリカと距離を置く国は中国と経済関係を強化していますが、こうした国が増えれば増えるほど、中国のプレゼンスが高まることになります。

30秒でわかる！ ポイント

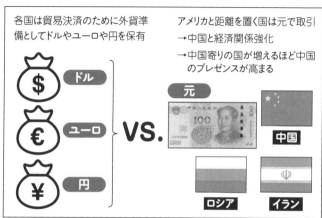

ドルvs.元

各国は貿易決済のために外貨準備としてドルやユーロや円を保有

アメリカと距離を置く国は元で取引
→中国と経済関係強化
→中国寄りの国が増えるほど中国のプレゼンスが高まる

$ ドル

€ ユーロ

¥ 円

VS.

元

中国

ロシア　イラン

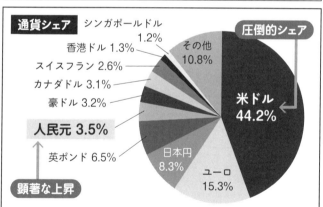

通貨シェア

シンガポールドル 1.2%
香港ドル 1.3%
スイスフラン 2.6%
カナダドル 3.1%
豪ドル 3.2%
人民元 3.5%
英ポンド 6.5%

その他 10.8%

圧倒的シェア

米ドル 44.2%

日本円 8.3%

ユーロ 15.3%

顕著な上昇

- 米ドルは 44.2% を占め、2 位のユーロ、3 位の日本円に比べ圧倒的なシェア
- 人民元は 5 位（3.5%）で、4 位の英ポンドに次ぐ顕著な上昇

国際決済銀行（BIS）の2022年4月の世界外為市場取引高調査より

▶ 05　中国の巨大IT企業

GAFAMの中国版
BATH／TMDX

　携帯電話やスマートフォンの普及拡大に伴い、その事業を大きく成長させたのが、中国を代表する4つの巨大テック企業（Baidu、Alibaba、Tencent、Huawei）です。その4社の頭文字をとってBATHと呼ばれ、しばしばアメリカのGAFAM（後述）と対比されています。これらの企業は4社とも中国の深圳（シンセン）を拠点にしている点も共通しています。深圳は、中国の本土と香港を結ぶ近代的な都市でアジアのシリコンバレーといわれるほど発展しています。

　近年では、ニュースサイトの「トウティアオ・Toutiao」（今日頭条）やフードデリバリーの「メイトゥアン・Meituan」（美団点評）、中国版Uberの「ディディ・DiDi」（滴滴出行）の次世代企業3社の頭文字をとって「TMD」に総合家電メーカーの「シャオミ・Xiaomi」（小米）のXを加えて「TMDX」と呼ぶこともあるようです。「TikTok」を運営するバイトダンスも若者にはなくてはならない会社になりました。ところがアプリを通じて収集されたユーザーの個人情報が中国政府に利用される安全保障上の懸念があるとして2022年頃から欧米の政府機関などを中心に使用禁止になっています。

　テクノロジーやサービスの内容はアメリカの企業をコピーしたものが多かった点は否めません。しかし近年は、技術力の向上と国策による企業保護が功を奏し、独自のサービスを展開し始めました。中国の優位な点は、国家が強力なイニシアティヴを取って資金力と技術開発力で世界展開できることにあります。中国は一帯一路構想でデジタルシルクロードをつくり、ユーラシア大陸をデジタルの力でも掌握する戦略を有します。これもアメリカが中国を警戒する理由です。

GAFAMの中国版　巨大企業

 中国を代表する4つの巨大テック企業
（Baidu、Alibaba、Tencent、Huawei）

TMD、
TMDX

次世代
中国IT企業

Toutiao 今日頭条（トウティア
オ）：ニュースサイト

Meituan 美団点評（メイトゥア
ン）：フードデリバリー

DiDi 滴滴出行（ディディ）
：中国版Uber

Xiaomi 小米（シャオミ）
：総合家電メーカー

ByteDance

（字节跳动、バイトダンス：TikTok運営）
も若い世代に大きな存在感

▶ 06　天然ガスによる地政学的変化

シェールオイル・ガス革命とその余波

　アメリカは高圧の液体を使用して亀裂を入れる技術、**水圧破砕法（フラッキング）**によって3000メートルもの地下深くにある**シェール層に眠る石油・天然ガスを取り出す**ことに世界で初めて成功しました。このシェールオイルを加味するとアメリカは2022年日量生産1800万バレルを生産する世界最大の産油国です（ブリティッシュ・ペトロリアム統計）。もともとこの技術はスタンダード・オイル・オブ・インディアナ（現アモコ）が1947年にカンザス州で初めて採用した技術でした。ですが、天然ガスが1000立方フィートあたり７セント前後でしか売れなかった時代、コストも時間もかかる採掘手法が注目されるはずがありません。家庭や発電所に天然ガスを簡単に送れる巨大輸送システムが構築され需要が高まり技術に関心が集まるのは90年代に入ってからのことです。アメリカ国内の天然ガス価格はアジアのおよそ３分の１、欧州の半分まで下がりました。2020年までに200万人以上の雇用を生み、さらに数十年にわたって毎年経済成長率を押し上げていくと分析する研究者もいます。地政学的に見るとこのシェールオイル・ガス革命でアメリカは中東に依存しなくて済むようになりました。それはアメリカの長年の悲願でもありました。ところが依存しないことで、大きなリスクが今生じています。それは、**ますますイスラエルに肩入れして中東諸国を敵に回し始めている**ということです。もう一つは、それと関連して中東で最大の顧客となっている**中国の存在感が増している**ということです。アメリカの脱依存が逆にアメリカの地位を脅かすことになるなど誰が想像できたでしょうか。

アメリカのシェール・オイルガス革命

- 高圧の液体を使用し、亀裂を入れる技術「水圧破砕法」(フラッキング) 開発
- 地下 3000 メートルのシェール層の石油・天然ガス採掘に成功 (世界初)
- シェールオイルで、日量生産 1800 万バレル (2022 年) 世界最大の産油国に
- → 地政学的にシェールオイル・ガス革命で中東に依存から脱却

シェールオイル採掘例

大量の水を送り
シェール層に
割れ目を入れる

← シェール層

アメリカ　bye bye　Welcome!　中国

OK, No problem.

Shake hands!!

Hi! Thank you.

✕　不要　OIL　必要

▶ 07　アメリカの「歴史的敗戦」

「帝国の墓場」 アフガニスタンとは？

　アフガニスタンの国土の約75%は山岳部であり、その平均海抜高度は1800メートルです。長年どの国も興味を持たない不毛地帯でした。ところが79年、この地に共産主義政党である**「アフガン人民民主党」政権**が成立、ソ連が軍事支援すると、情勢が一転、世界で最も重要な場所になります。なぜならソ連が次にアフガンの下にあるパキスタンを攻略すれば、ソ連はアラビア海にソ連海軍を配備できるようになるからです。それは西側経済を支えるペルシャ湾からの石油供給ルートが断たれることを意味しました。危機感を抱いたアメリカは、パキスタン当局とアラブの盟主サウジアラビアに協力を要請し、**イスラム戦士（ムジャヒディーン）**をソ連に対する抵抗勢力として育成して軍事支援を開始しました。後にアメリカにテロを行うビン・ラディンは、この時ムジャヒディーンを資金力で束ね、影響力を高めます。さらに1988年、駐留ソ連軍の撤退を定めた**ジュネーブ和平合意**が成立し、翌年2月ソ連軍が撤退完了すると、軍閥やイスラム原理主義組織などが覇権を争い、混乱の中から「神学生」を意味する新興勢力**タリバン**が94年末に台頭します。2001年9月11日、米同時多発テロが発生すると、攻撃対象になったのが、**タリバン**でした。アルカイダの構成員や、**ビン・ラディン**を匿っていると思われたからでした。すぐさまアメリカは、国際テロ組織壊滅のための軍事介入を開始、ビン・ラディン殺害後もタリバン掃討を続けました。アフガニスタンでの紛争は、戦費の増大でソ連崩壊を促し、アメリカも結局**5兆8000億円もの出費に加えて、24万3000人の犠牲者**を出しました。かかった戦費はベトナム戦争を優に超える、まさに**「歴史的敗戦」**となりました。アフガニスタンが「帝国の墓場」といわれるゆえんです。

「帝国の墓場」と呼ばれるアフガニスタン

ロシア帝国と大英帝国の
バッファゾーン

1979年以降ソ連の
影響下に

イラン

アフガ
ニスタン

パキスタン

ペルシャ湾

インド

アラビア海

パキスタンがソ連の手
に落ちると、インド洋
に出ることができる

そうなるとソ連はペルシャ湾のチョーク
ポイントに戦艦を配備するはず

インド洋

アフガニスタンの反ソ連勢力であるイスラム戦士
（ムジャヒディーン）を育成して軍事支援を開始

その後アフガニスタンでは「基地」や「拠点」を意
味する「アルカイダ」がビン・ラディンらによって結成

アルカイダが2001年、9.11アメリカ同時多発テロ
を起こす

▶ 08　ソ連解体への道

東欧革命とソ連の崩壊

パックス・
ロシアーナの
地政学①

　1970年代頃から、**ソ連**は経済でも行きづまっていきました。1979年のソビエトによるアフガニスタン侵攻はアメリカのベトナム戦争だと形容されるほど、軍事費が増大し疲弊しました。アメリカはミサイル防衛計画などを発表し、巨額の軍事費を軍事の技術開発に投資しました。ソビエトは経済が苦しい中、アメリカに軍事的に対抗するため、巨額の予算を前項で説明したアフガニスタンでの戦争につぎこんだので、ソビエトの経済はますます苦しくなっていきました。1985年、**ゴルバチョフ**がソ連共産党第一書記に就任すると**ペレストロイカ（改革）とグラスノスチ（情報公開）を推進**しました。体制の根本的改革を目指し、その一環として対外関係の改善も進めました。しかしながら、就任1年後に発生した**チェルノブイリ原発事故**に関しては、かん口令を敷き、被害を拡大させました。

　こうした中、**東欧**でも革命のうねりが起こります。1985年6月、ハンガリーで複数候補制による総選挙が実施されました。1989年9月にはポーランドで非共産党内閣が成立、10月ハンガリーで自由化と民主化が進展、11月ベルリンの壁崩壊、チェコ共産党政権が崩壊するなど雪崩を打ったように社会主義国が民主主義国へと姿を変えていきました。1990年10月ドイツも統一し、東ドイツと西ドイツは消滅しました。1989年12月、米ソ2大国のブッシュとゴルバチョフ両首脳が地中海のマルタ島での**マルタ会談において「冷戦の終結」を宣言**しました。一方、ペレストロイカの進展と冷戦の終結はソ連邦の統合力を急速に喪失させ、**ソ連は1991年末に解体**、連邦を構成していた国々が独立、その後独立国家共同体（CIS）が設立されました。

30秒でわかる！ ポイント

ソ連崩壊の経緯

ソ連

アメリカに対抗するため、ソビエトは予算を軍事費につぎこんだので、ソビエトの経済はますます苦しくなり、ゴルバチョフがソ連共産党第一書記に就任するとペレストロイカ（改革）とグラスノスチ（情報公開）を推進

ゴルバチョフ

1989年12月マルタ島「マルタ会談」

ソ連

ゴルバチョフ

ブッシュ

アメリカ

「冷戦の終結」を宣言　⇨

ペレストロイカの進展と冷戦の終結はソ連邦の統合力を急速に喪失させ、ソ連は1991年末に解体
連邦を構成していた国々が独立、その後独立国家共同体（CIS）を設立

ベラルーシ　ロシア連邦
ウクライナ
ウズベキスタン　カザフスタン
モルドバ　　　　　　　キルギス
グルジア　　　　　　　タジキスタン
アルメニア　アゼルバイジャン　トルクメニスタン

▶ 09 「モザイク国家」のその後

ユーゴスラビア紛争とその余波

　旧ソ連はいまだに「パックス・ロシアーナ」（ロシアによる平和）の中にありますが、**ユーゴスラビア社会主義連邦共和国**はいち早くそのグループから抜け出しました。90年代に起きたクロアチア紛争、ボスニア紛争、コソボ紛争は、今のウクライナ紛争と同じく、ロシアと西側諸国との間の勢力圏争いでもありました。ユーゴスラビアは、国内に**3つの宗教（カトリック、セルビア正教、イスラム教）と6民族（セルビア人、クロアチア人、スロベニア人、ボスニア・ヘルツェゴヴィナ人、モンテネグロ人、マケドニア人）を抱える「モザイク国家」**でしたが冷戦が終結するとそれぞれが独立を目指しました。ところが独立の過程で民族紛争が勃発、ヨーロッパ諸国に難民が大量流入する事態となり治安が脅かされることになりました。NATO締約国はヨーロッパまたは北アメリカにおける加盟国のうちの1つまたは複数に対する武力攻撃は加盟国全体に対する攻撃と見なし、国連憲章第51条で認められている個別的または集団的自衛権の行使により、直ちに措置を講じるとしていることから、最も強大で各紛争に関係していた**セルビア**をNATOは空爆しました。セルビアはロシアと同じスラブ民族であり同じ東方正教会系のため親ロシア国家です。そのためロシアは空爆を非難、ヨーロッパ諸国とロシアの対立が深まることになりました。今もロシアは、コソボはセルビアの自治領として独立国と認めていません。

　ユーゴスラビアはアルプス山脈やバルカン山脈に囲まれた山岳地帯で、民族がバラバラで一体性を保てなかったことも影響しました。

30秒でわかる！ ポイント

ロシアと西側諸国の勢力圏争いを背景に持つ紛争

 クロアチア紛争(1991〜1995)

 ボスニア紛争(1992〜1995)

 コソボ紛争(1998〜1999) ＝

ウクライナ紛争(2014〜)

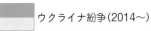

ロシア VS. 西側諸国

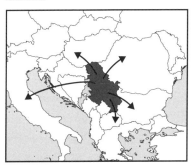

国内に3つの宗教と6民族を抱える「モザイク国家」のユーゴスラビアは、冷戦が崩壊したことでそれぞれが独立を目指した結果、民族紛争が勃発してヨーロッパ諸国に難民が大量流入することになった。

NATOによるセルビア空爆を、セルビアと同じスラブ民族、東方正教会系であるロシアが非難した結果、ヨーロッパ諸国とロシアの対立は深まることになった。現在もロシアは、コソボをセルビアの自治領として独立国とは認めていない。

▶ 10　ロシアによる軍事介入

ロシアとCIS諸国

パックス・
ロシアーナの
地政学③

　冷戦以降のロシアの旧ソ連圏に対する軍事介入は、主にCIS諸国を陣営に留めるための直接的・間接的維持とそのための域内の平和の実現が主な目標でしたが、大きく分けて4つに分類することができます。第1に、中央アジア5ヵ国で実施されたように、基本的にはロシアが威信をかけて**平和を維持**する、というものです。第2に、モルドバやジョージアなど、自治管区だった地域の独立運動に対し、国際的な批判をかわすことを目的として国際機関に協力を要請し、自らの都合の良いように**調整を試みる**、というものです。第3に、チェチェンのように、独立を認めず**力でねじ伏せる**、というものです。第4に、ウクライナのように自国民あるいはロシア系住民を「救出」するという大義を掲げながら**軍事的に領域支配を試みる**、というものです。

　ロシアはソ連時代からアフガニスタンでソ連の統制に対する反乱が連邦内の中央アジアの諸共和国に不安定な影響を与える可能性があるということにかなり注意していました。CIS地域には**イスラム教徒**が多数居住しており、現在人口の20%弱を占めています。現在のロシアのイスラム教徒の子供の出生率は一般的なロシア人よりも高く、人口が急激に増加していることにも、政府は警戒感を強めています。90年代から続くチェチェン紛争でチェチェンが制圧されたのは、もともとイスラム教徒が多数を占める地域で、ロシア正教を放棄し、文字もキリル文字からラテン文字に変更するなど、脱ロシア化を推し進めていたからでもありますが、ロシアにとって世界有数の石油・天然ガス資源が眠るカスピ海沿岸に位置する重要な戦略地であるためでした。

CIS諸国を陣営に留めるために行った、ロシアの4つの介入

1 平和維持

中央アジア5ヵ国で実施されたように、ロシアが威信をかけて平和を維持。

2 独立運動に関与

自治管区の独立運動に対して、ロシアにとって都合のいい形の独立となるよう調整する。

3 独立の阻止

チェチェン共和国

陣営からの独立を認めず、武力で制圧して独立を阻止する。

4 救出という名目での支配

ロシア

自国民やロシア系住民を救出するという名目で、軍事的な領域支配を試みる。

▶ 11　資源大国のエネルギー安全保障

ロシアによる
エネルギー包囲網

　ウクライナは1991年にソ連から独立しましたが、ヨーロッパとロシアの間に位置する同国は**「バッファゾーン」**としてロシアにとって安全保障の鍵を握る国であり、またパイプラインによる**ヨーロッパ向けガス輸出の要衝**として経済的にも重要な位置を占めてきました。欧州とロシアの間には、ソ連時代から「ベラルーシ＝ポーランド」、また「ウクライナ＝旧東ドイツ」を結ぶ天然ガスの大動脈があり、ロシアはそれを管理することによってウクライナとヨーロッパ連合（EU）のエネルギー安全保障に影響力を保持してきました。2005年には、ドイツとの間でノルド・ストリーム（Nord Stream）の敷設に関して調印を果たし、08年2月にはモスクワで、ハンガリーとの間でサウス・ストリーム（South Stream）の敷設計画にも調印しました。ロシアから黒海海底を通ってブルガリアに至り、南西はギリシャ、北西はルーマニア、ハンガリー、オーストリアへ、そしてイタリアの北部までガスを運ぶ計画でした。ロシアはこのパイプライン網によってEUの安全保障を完全に掌握するつもりだったのです。ウクライナで消費するガスの約70％はロシアに依存していて、EUも30％前後をロシアに依存してきました。2022年BP統計によると、**ロシアの2021年の石油生産**は、日量1094.4万バレルでアメリカ、サウジアラビアに次いで**世界第3位**、**天然ガスの生産高（採掘量）**は、7017億立方メートルで、アメリカに次いで**世界第2位**です。これは、全世界供給量の17.4％に相当します。ロシアは世界的なエネルギー資源国として大国意識が常にあります。EUのエネルギー安全保障はロシアが握っているのです。

30秒でわかる！ ポイント

ロシアのエネルギー安全保障への影響力

ドイツは 2014 年ロシアによる一方的なクリミア併合以降もガス輸入を増やした。ロシアへのエネルギー依存がそれほど高かった。22年のウクライナ侵攻後にドイツはこの件についてかなり非難された。

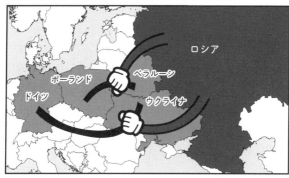

ヨーロッパとロシアの間に位置し「バッファゾーン」としてロシアにとって安全保障の鍵を握るだけでなく、パイプラインによるヨーロッパ向けガス輸出の要衝であったウクライナ。ロシアは、欧州とロシアの間にある 2 本の天然ガスの大動脈を管理することで、ソ連時代からウクライナとヨーロッパ連合(EU)のエネルギー安全保障に影響力を持っていた。

ロシアからウクライナ、EUへの天然ガスの供給割合

  約 70%　　　 約 30%

ウクライナは消費するガスの約70%を、EUは約30%をロシアに依存している。

ロシアの 2021 年の石油生産は、日量 1094.4 万バレル(世界第 3 位)

ロシアの 2021 年の天然ガスの生産高(採掘量)は、7017 億立方メートル(世界第 2 位)

▶ 12 東西陣営に参加しなかった国家

第三勢力と蔑まれた者

1961年、東西陣営のどちらの軍事同盟にも参加せず、平和共存・反植民地主義を主張するティトー（ユーゴスラビア）、ナセル（エジプト）、スカルノ（インドネシア）、ネルー（インド）などの呼びかけでAALA（アジア・アフリカ・ラテンアメリカ）25ヵ国がベオグラードに集まり**「第三勢力」**として共同歩調をとることを宣言。平和共存、民族解放闘争の支持、植民地の独立、外国軍駐留基地の一掃などを求めました。

アフリカは天然資源に恵まれていますが、そのいずれもが一次産品で、国際市場価格と景気に価格が左右されるという性質を持ちます。また採れれば採れるほど、価格が下がる傾向にあります。そのため、資源国は天然資源輸出をあてにして国内の公共投資などを実行すると大抵失敗することになります。資源は偏在していることから長年内戦の原因にもなってきました。環境問題もあり各国は難しい問題に直面してきました。米ソ冷戦時代は、それぞれが支援競争をして陣営に取り込む動きを活発化させます。第三勢力はこうした動きにも距離を置こうと取り組みました。フランスの国際政治学者**ベルトランド・バディ**は、こうした第三勢力を**「蔑まれた者」**と捉え直し、植民地時代から現代まで西洋世界がいかに彼らを軽視してきたかを詳細に分析しています。大国が経済力と軍事力で幅を利かせてきた側面は否定できません。またルール設定なども自分たちの都合の良いように決めているように見えます。アメリカによるイラクやアフガニスタンへの侵攻、またパレスチナ問題も欧米諸国が好きなように振る舞ってきた結果のように見えますがどうでしょうか。

平和主義の第三勢力

1961年、AALA（アジア・アフリカ・ラテンアメリカ）25ヵ国が ベオグラードに集まり「第三勢力」として共同歩調をとることを宣言

ユーゴスラビア
ティトー

エジプト
ナセル

インドネシア
スカルノ

インド
ネルー

東西陣営のどちらの軍事同盟にも参加せず、平和共存・反植民地主義を主張するティトー（ユーゴスラビア）、ナセル（エジプト）、スカルノ（インドネシア）、ネルー（インド）などの呼びかけ。
平和共存、民族解放闘争の支持、植民地の独立、外国軍駐留基地の一掃などを求めた

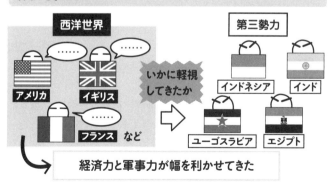

西洋世界

…… アメリカ
…… イギリス
…… フランス など

いかに軽視してきたか

第三勢力
インドネシア
インド
ユーゴスラビア
エジプト

経済力と軍事力が幅を利かせてきた

▶ 13 オイルショック発生の流れ

OPECと石油危機

　アメリカは、中東諸国を制御しエネルギーを確保するために、ペルシャ湾に深く関与しました。石油掘削技術があるアメリカの会社が開発に携わり1970年時点で、サウジアラビアからの原油100%、イランからの原油40%、クウェートからの原油50%をコントロールしていました。ある年の投下資本から計算すると1ドル当たり実に29ドル以上の純益を上げる場合もありました。こうした莫大な利潤を上げる一方、使用料等の取り決めは国や会社によってまちまちで、収益の15%程度しか採掘許可国に払っていない場合もありました。こうした不利な条件に対し、産油国がいつまでも黙っているわけがありません。この状況への反発から、1960年9月に産油国5ヵ国によって、**石油輸出国機構（OPEC）**が設立されました。1972年の秋には、湾岸産油国は最低でも51%の権益所有権が認められるに至り、これにより、湾岸産油国の総収益は、1970年に50億ドルほどだったのが1975年には160億ドルと3倍超にまで達するようになりました。1973年、**第四次中東戦争**が勃発すると、イスラエルを支援する西側諸国に対する怒りが最高潮に達し、アラブ産油国は対米石油禁輸と日本など西側諸国に対して石油供給削減を決定しました。石油価格が高騰、**第一次石油危機（オイルショック）**として世界中が混乱しました。日本でも急激なインフレに見舞われ休日のドライブの自粛、暖房の設定温度調整などを政府が呼びかけました。79年の**イラン革命やイラン・イラク戦争**によって**再び石油価格は高騰（第二次石油危機）**、西側諸国経済に深刻な打撃を与えました。

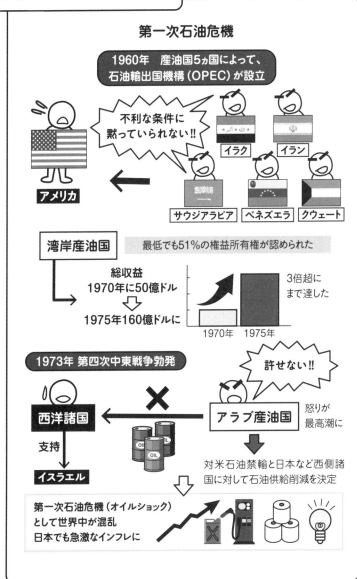

第一次石油危機

1960年　産油国5ヵ国によって、石油輸出国機構（OPEC）が設立

不利な条件に黙っていられない!!

イラク　イラン

アメリカ

サウジアラビア　ベネズエラ　クウェート

湾岸産油国　　最低でも51％の権益所有権が認められた

総収益
1970年に50億ドル
⇩
1975年160億ドルに

3倍超にまで達した

1970年　1975年

1973　第四次中東戦争勃発

許せない!!

西洋諸国　✕　アラブ産油国　怒りが最高潮に

支持
⇩
イスラエル

OIL

対米石油禁輸と日本など西側諸国に対して石油供給削減を決定

第一次石油危機（オイルショック）として世界中が混乱
日本でも急激なインフレに

▶ 14　アメリカとイランの対立の理由

イラン革命と
反アメリカの起源

　1978年1月、イスラム教シーア派の聖地ゴムで、ホメイニ師を中傷する記事を巡って暴動が発生、アメリカの傀儡であった**皇帝（シャー）**は事態の収拾を図りましたが、全土に反政府デモが拡大し、多数の死者が出ました。シャーはエジプトに亡命後、モロッコやバハマなどを転々として、最後はアメリカに亡命しました。イランはソ連の南側に位置するという地政学的理由から、西側諸国の国際戦略の下でアメリカとイギリスの援助を受けてきました。石油開発を委ねる一方で、自らの意向に反対する人々をイギリス諜報機関MI6とアメリカ中央情報局CIAから支援を受けていた秘密警察（サヴァック）によって取り締まり、弾圧して排除したのです。シャーは、私利私欲にまみれ、豪華な宮殿に住む一方、国民には貧困も拡大、石油の富は全く還元されませんでした。1979年2月、亡命していたフランスから**ホメイニ師**がイランに帰国すると4月、イランは国民投票に基づいて**イスラム共和国**の樹立を宣言し、ホメイニ師が提唱した**「法学者の統治」に基づく国家体制**が始動したのでした。アメリカが受け入れたシャーの引き渡しを拒否したことに学生らが反発、テヘランにあるアメリカ大使館が占拠されました**（アメリカ大使館占拠事件）**。アメリカ人外交官や警備のために駐留していた海兵隊員とその家族計52人が人質に取られた同事件は、人質全員が444日後に解放されて解決しましたが、**アメリカ政府とイラン革命政府はこれにより断絶状態**となりました。イランはアメリカを帝国主義国と非難、アメリカはイランをテロ支援国と非難して両国は40年以上にわたって対立することになります。

アメリカ vs. イランの歴史

1978年1月イスラム教シーア派の聖地ゴム

ホメイニ師を中傷する記事を巡って暴動発生

皇帝(シャー)は事態の収拾を図るも……。

ワー!

ワー!

まあまあ……

アメリカの傀儡

多数の死者が発生

アメリカに亡命

イラク イラン

アメリカ イギリス

支援

サウジアラビア

イランはソ連の南側に位置するという地政学的理由から、援助を受けてきた

シャーは私利私欲にまみれ、豪華な宮殿に住む一方、国民には貧困も拡大、石油の富は全く還元されなかった

アメリカ大使館占拠事件をきっかけに……
アメリカ政府とイラン革命政府は断絶状態

テロ支援国家だ!!

40年以上にわたって対立してきた

帝国主義国だ!!

リビアの反抗

新興国の
地政学④

　1969年、**カダフィ大佐**がアメリカの傀儡である**イドリース国王**に反旗を翻し、クーデターを起こしました。欧米諸国に吸い上げられていた石油収益を国民に分配し、貧しかったリビアは、1970年〜75年の5年間で、1人当たりGDPは、1830ドルから4000ドルに上昇しました。リビアはこの石油収入で軍事兵器を世界各国から買い付ける一方、世界各地の民族闘争や革命政権を支援すると表明したり、近隣国との合邦を模索したり、エジプトとイスラエルの和平合意を非難したりしたことから**アメリカ**に目をつけられていきました。アメリカ政府は、対リビア商取引停止措置法を制定して米系石油企業にリビアでの操業を禁止しました。それまで両国の取引額は、第1位でした。1986年4月、西ベルリンで2名の米軍兵士がテロによって死亡し、その容疑者がリビアの情報部員であったことから、アメリカは同年4月、トリポリとベンガジを爆撃しました。アメリカとリビアの関係が悪化する中、1988年12月、パンナム機がスコットランド・ロッカビー上空で爆発し墜落しました。墜落による犠牲者270名のうちアメリカ国籍を持つ者は189名であったことからロッカビー事件は、リビアによる報復だと考えられました。アメリカはリビアを国際社会から排除するため、経済制裁を行います。最終的にリビアはロッカビー事件の犠牲者に補償し、さらに疑われていた大量破壊兵器の開発をしないことを条件に国際社会に復帰します。しかしカダフィ大佐に対する嫌悪感は根強いものでした。2011年にアラブの春が起きた時、すぐさまカダフィ政権への軍事介入が決定されたのはこうした過去が背後にあるからです。

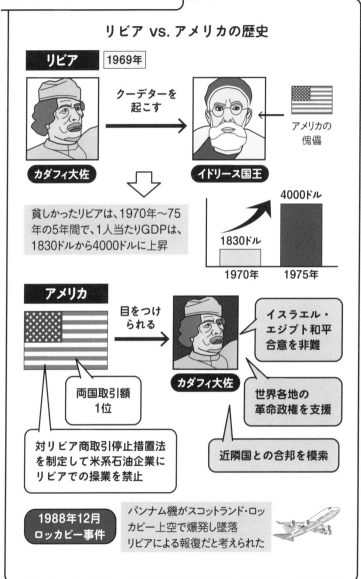

リビア vs. アメリカの歴史

リビア 1969年

クーデターを起こす →

カダフィ大佐 → イドリース国王 ← アメリカの傀儡

貧しかったリビアは、1970年〜75年の5年間で、1人当たりGDPは、1830ドルから4000ドルに上昇

1830ドル 1970年 → 4000ドル 1975年

アメリカ

目をつけられる →

カダフィ大佐

イスラエル・エジプト和平合意を非難

世界各地の革命政権を支援

近隣国との合邦を模索

両国取引額1位

対リビア商取引停止措置法を制定して米系石油企業にリビアでの操業を禁止

1988年12月ロッカビー事件

パンナム機がスコットランド・ロッカビー上空で爆発し墜落リビアによる報復だと考えられた

▶ 16 台頭する経済新興国

BRICSとは何か

新興国の
地政学⑤

　2000年代以降に著しい経済発展を遂げた**ブラジル、ロシア、インド、中国、南アフリカの５ヵ国をその頭文字をとってBRICSと呼びます**。CIAの「The World Factbook 2023」で見ると５ヵ国の人口は、中国が14億1314万人（第１位）、インド13億9918万人（第２位）、ブラジル２億1867万人（第７位）、ロシア１億4170万人（第９位）、南アフリカ5804万人（第31位）で南アフリカを除く４ヵ国合計で31億7269万人、実に世界の人口79億7926万人の約40%を占めています。人口が多く、若い労働力が豊富にあるので、**市場**としても有望です。**国土面積**はロシアが世界１位、中国が世界４位、ブラジルが世界５位、インドが世界７位でこの４ヵ国で世界の面積の約29%を占めています。そのため農産品の産出が多く、どの国も小麦は世界有数の産出国です。**天然資源**にも恵まれ石炭・鉄鉱石が５ヵ国に共通して産出されており、天然ガスや原油も採れます。**技術力とIT産業**も盛んで外資を積極的に導入しています。ロシアは宇宙に有人の宇宙船を打ち上げる力があり、ブラジルはエンブラエルという有力な中型航空機メーカーを有するなど工業力でもかなりの実力を持ちます。いずれの国も地域での軍事的なプレゼンスと文化的影響力を有しています。インド洋の中心であるインドもアフリカや東南アジア、香港まで印僑（海外に移住したインド系の人）文化圏といってもよいほどの人的つながりがあります。ブラジルもロシアも中国も同様に経済的・人的に地域の中心国です。2024年１月にBRICSに、**エジプト、エチオピア、イラン、サウジアラビア、アラブ首長国連邦（UAE）の５ヵ国が新規加盟**し、ますます影響力が高まると見られています。

BRICSとは何か?

2000年代以降に著しい経済発展を遂げたブラジル、ロシア、インド、中国、南アフリカの5ヵ国をその頭文字をとってBRICSと呼ぶ。

BRICS

	Brazil ブラジル	Russia ロシア	India インド	China 中国	South Africa 南アフリカ
国土 面積	世界 5位	世界 1位	世界 7位	世界 4位	世界 24位

この4ヵ国で世界の面積の約29%を占めている。

人口	世界 7位	世界 9位	世界 2位	世界 1位	世界 31位
	2億 1867万人	1億 4170万人	13億 9918万人	14億 1314万人	5804万人

**4ヵ国合計で31億7269万人、
世界人口79億7926万人の約40%を占めている。**

> さらに……

2024年1月にBRICSに、エジプト、エチオピア、イラン、サウジアラビア、アラブ首長国連邦(UAE)の5ヵ国が新規加盟し、ますます影響力が高まると見られる。

▶ **17　世界覇権のキープレーヤー①**

インドとブラジルの台頭

　PwC によれば、2050年には、中国、アメリカ、インド、インドネシア、日本、ブラジル、ドイツ、メキシコ、イギリス、ロシア、フランス、トルコが世界の GDP 上位10ヵ国になると予想されていますが、それによると中国の次に大国として世界に君臨する可能性があるのは、**インド**です。国土が広いため農産品の産出が多く、また天然資源にも恵まれています。また人口も多く、若い労働力が豊富にあります。国連はインドの人口が2023年、中国を上回り、世界最多になったと発表しています。インドの人口は2060年代に17億人弱でピークを迎えるとされていて今後世界一の人口を有すると見られています。インドはイギリスの植民地だったこともあり、**英語**が広く通じます。アメリカやヨーロッパとの時差を利用し、企業の24時間カスタマーセンターや、英語が基礎となっているソフトウェアの開発により、近年急速に経済発展を遂げてきました。**ICT 技術**では世界トップクラスにあり、世界覇権の今後の動向を見る上では、無視できない存在です。

　経済的・文化的・人的に南米の中心国である**ブラジル**は、地政学的に南半球の覇権国になっても不思議ではないポテンシャルを秘めています。原油生産量は世界第9位で、ラテンアメリカでは第1位の石油生産国です。また、鉄鉱石の輸出量も世界一で、豊富な天然資源の輸出が高度経済成長を支えています。ブラジルは**工業力**でもかなりの実力を持ちますが、**農産品**の輸出国としても上位に入ります。特に小麦やとうもろこしなど穀物輸出では中国大手企業コフコと手を結び農産品の輸出で世界一になろうとしています。食料安全保障でも要になる国です。

次世代の大国に名乗りを上げるインドとブラジル

PwC によれば、2050 年には、中国、アメリカ、インド、インドネシア、日本、ブラジル、ドイツ、メキシコ、イギリス、ロシア、フランス、トルコが世界の GDP 上位 10 ヵ国になると予想されている。

中でも、中国の次に大国として
世界に君臨する可能性があるのは……

インド

| 国土が広く、農産品の産出が多い | 豊かな天然資源に恵まれている |

| 英語が広く通じ、ICT 技術が世界トップクラス | 人口が多く、若い労働力が豊富 |

※国連は、2023 年にインドの人口が中国を上回り、世界最多になったと発表した。

インド以外にも……

ブラジル

| 小麦やとうもろこしなど、穀物・農産品の輸出で世界一になろうとしている | 鉄鉱石の輸出量、世界1位 |

| | 豊富な天然資源と高い工業力 |

経済的・文化的・人的に南米の中心国であるブラジルは、地政学的に南半球の覇権国になっても不思議ではないポテンシャルを秘めている。原油生産量は世界第9位で、ラテンアメリカでは第1位の石油生産国である。

▶ **18　国際的穀物メジャーの影響力**

食料供給を支配する超企業の出現

　世界的な農業国であるウクライナとロシアの紛争で、世界の食料供給が滞り良質な食料が合理的な価格で安定的に供給されない可能性が高まりました。2022年、開発途上国26ヵ国の約１億２千万人が深刻な食料危機に直面したと見られています。このため国際的穀物メジャーの動きが地政学的に注目されるようになりました。小麦や大豆、とうもろこしなどの主要穀物の買い付けから集荷、輸送、保管までを手がける専門の大手商社を**「五大穀物メジャー」**といいますが**世界の穀物市場を支配するアーチャー・ダニエルズ・ミッドランド：ADM（米）、カーギル（米）、ブンゲ（蘭）、ルイ・ドレフュス（仏）、グレンコア（スイス）５社**で世界穀物市場の70～80％を占めています。それを猛追しているのが**コフコ・中国中糧集団（COFCO）**です。同社は、中国から世界へ進出した国際的穀物メジャーであり、中国を代表する国営企業です。世界各国でビジネスを展開し、全バリューチェーンを完備し、貿易、加工、販売、開発を一体化し世界140以上の国と地域で事業展開しています。**米、小麦、とうもろこし、油脂・油原料、砂糖、綿などの農作物と肥料と同時に食品、金融、不動産などを展開**しています。コフコは、ブラジルと年1500万トンのとうもろこしを自国に供給できる輸送基地をブラジルのサントス港に建設しました。これは日本の年間輸入量とほぼ同量です。巨額を投資してとうもろこしを港湾ごと支配するのは食べるためだけでなく次で説明するバイオ燃料の産出を見込んでいるからです。地政戦略として食料の安全保障は今後ますます重要なテーマになっていくと考えられます。

食料供給を支配する世界の超企業

穀物メジャー

- 小麦や大豆、とうもろこしなどの主要穀物の買い付けから集荷、輸送、保管までを手がける専門の大手商社
- 世界の穀物市場を支配
- 4大穀物メジャー ABCD：ADM（米）、ブンゲ（蘭）、カーギル（米）、ルイ・ドレフュス（仏）
- 最近は、上記4社にグレンコア（仏）が加わり、「五大穀物メジャー」と呼ばれることもある

- アメリカや欧州に本社を置く上位5社程度で世界の穀物取引の 70〜80％を占めるといわれる

中国のコフコ（中国中糧集団、COFCO）

- 5大穀物メジャーを猛追
- 中国を代表する国営企業
- 貿易、加工、販売、開発を一体化、全バリューチェーンを完備
- 米、小麦、とうもろこし、油脂・油原料、砂糖、綿などの農作物と肥料、食品、金融、不動産などを展開
- 世界 140 以上の国と地域で事業展開

▶ 19　資源に関する地政学

未来への礎
レアメタルとバイオ燃料

　レアメタルとは、埋蔵量が少なく抽出が難しい非鉄金属のことです。希少性の高い金属なのですが、**EV（電気自動車）に使うモーターやバッテリー、携帯電話、液晶などに使われていて、必要な量をどう確保するかが課題**となっています。EV のほかにも、様々なハイテク産業での利用が広がっており、中国など産出国に偏りがあるため、レアメタルを産出する国の地位が地政学的にも高まることになります。

　バイオ燃料とは、植物・農作物・食品廃棄物などから製造されるエコ燃料です。廃棄物等を有効利用でき、しかも安定供給が可能です。廃棄物の循環利用を通じて、循環型社会の形成につながる環境に優しい燃料として注目されています。例えばその燃料の一つに、とうもろこしやさとうきびなど植物由来の燃料である「エタノール」があります。**ブラジルのガソリンスタンドでは「バイオエタノール」とも呼ばれる「エタノール」を車に「給油」できます。**現地ではガソリンに比べて、4割ほど安く販売されています。そのためアメリカやインドなど、とうもろこしやさとうきびなどの生産国は大きな期待を寄せています。ジェット燃料としても注目されていて、**エタノール由来の SAF（持続可能な航空燃料）によって航空業界の CO_2 排出量の65% が削減される**と見られています。ガソリンでもエタノールでも走行できる「フレックス車」は2003年に世界で初めてブラジルで導入されましたが、エンジンを少し改良するだけで問題なく走ります。費用も安価です。CO_2 排出量が厳しく制限され始めており、こうした技術がなければ、今後、十分な経済活動ができなくなるかもしれません。

30秒でわかる! ポイント

エコ燃料として注目のバイオ燃料

バイオ燃料

- 植物・農作物・食品廃棄物から製造されるエコ燃料
- 廃棄物を有効利用、安定供給が可能
- 廃棄物の循環利用を通じ、循環型社会形成につながる

例) エタノール (バイオエタノール)

- とうもろこし、さとうきびなどの植物由来の燃料
- ブラジルのガソリンスタンドではバイオエタノールを車に給油可能

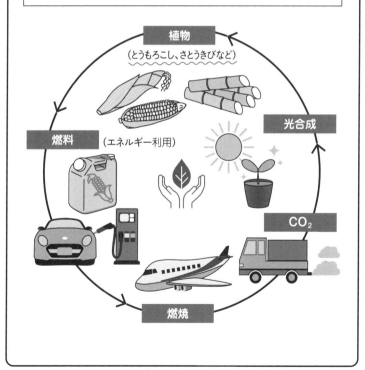

植物
(とうもろこし、さとうきびなど)

光合成

燃料 (エネルギー利用)

CO_2

燃焼

▶ 20　世界覇権のキープレーヤー①

インドネシアとトルコの台頭

　インドネシアは世界最大の石炭輸出国であり、2020年の輸出量は約４億トンです。 最大の輸出相手国の中国が約３割（約1.2億トン）を占め、インド、日本、韓国と続きます。ニッケルの生産量も世界１位で、2020年で世界の約28％を占めています。特に近年は、資源価格が高騰の一途を辿っており、当分の間は**資源商品の輸出**によって潤うと予測されています。**イスラム教徒**が国民全体の約87％を占めており、世界最多のイスラム教徒を有することから中東諸国との政治・経済・文化的関係は深く、アジアと中東を束ねることができるスーパーパワーを有します。米調査機関ピュー・リサーチ・センターによれば2030年にはイスラム教徒は約22億人に到達する見込みで、2070年にはイスラム教徒とキリスト教徒がほぼ同数になり、2100年になるとイスラム教徒が最大勢力になるとしており、インドネシアの動向は注目に値します。

　同じく**トルコ**も注目すべき国です。トルコは**NATO加盟国**であり、西側諸国と防衛体制を保持しています。EU加盟はクルド人問題を抱え、キプロス問題でギリシャと対立しているため、事実上拒否されています。しかし、イスラム国家でありながら、非アラブ国家であり、イスラエルとは表向き対立することもなく、ダーダネルスとボスポラスの２つの両海峡を有するなど、地政学的にも重要な位置を占めることから今後も国際政治において重要な役割を担うと考えます。人口も多く、8500万人を超えており、 １人当たりのGDPは2003年の4565ドルから2022年には9586ドルと２倍以上に成長しています。この点、権威的だと批判されるエルドアン大統領の手腕は評価されています。

30秒でわかる！ ポイント

注目されるインドネシアとトルコの急成長

世界最大の石炭輸出国インドネシアのスーパーパワー

インドネシア

ニッケル生産量
世界1位。世界の
約28％を占める

2020年の
石炭輸出量
約4億トン

国民の約87％が
イスラム教徒。世界
最大のイスラム国家

インドネシアは、世界最多のイスラム教徒を有することから中東諸国との政治・経済・文化的関係が深く、アジアと中東を束ねることが可能。また、2030年にはイスラム教徒は約22億人に到達する見込みで、ますます注目が集まっている。

非アラブ・イスラム国家トルコ

トルコ

人口8500万人超

PwCの予想では
2050年にGDPが
世界12位に成長

NATO加盟国

トルコは、イスラム国家でありながら非アラブ国家であり、イスラエルと表向き対立することなく、地政学的にも重要な位置を占めるため、今後も国際政治において重要な役割を担うと考えられる。また、1人当たりのGDPは2003年の4565ドルから2022年には9586ドルと2倍以上成長しており、注目の国である。

サウジアラビアの台頭

新興国の
現代地政学⑤

　エジプト、エチオピア、イラン、サウジアラビア、アラブ首長国連邦（UAE）の5ヵ国がBRICSに2024年1月に新規加盟しました。CIAの「The World Factbook 2023」によると、拡大したBRICSには世界の人口の約45%、国内総生産（GDP）の約29%、原油生産の約45%が集中すると見られ、経済・外交面で結び付きを強化し、アメリカやEUなど先進国の対抗軸として国際社会での発言力拡大を目指していくことが予想されます。新規加盟国の中でも**サウジアラビア**は、1932年に建国された若い国ですが、石油資源に恵まれ、また**メッカ、メディナのイスラム教2大聖地**があることから世界的な影響力を有しています。サウジアラビア国王家である「サウード家」がそのまま国名になっていて、リヒテンシュタインと同様、国際連合加盟国でも非常に珍しい**「統治王家の名前」を国名にしている国家**でもあります。人口は、3594万人と少ないものの、世界最大級の石油埋蔵量、生産量および輸出量を誇る**エネルギー大国**で同国のアラムコ石油（ARAMCO）は世界市場での売上高で上位5本の指に入る世界屈指の企業です。ただし国家自体は輸出総額の約9割、財政収入の約8割を石油に依存しているため、**経済の多角化**を目指しています。そのため総投資額5000億ドル（約75兆円）をかけて総面積2万6500平方キロメートルのエリアに、全長170キロメートル、幅200メートル、高さ500メートルの、直線型高層都市「THE LINE」やクリーンエネルギーを使用する産業集積エリア「OXAGON」、29年アジア冬季競技大会の開催地となる山岳リゾート「TROJENA」、自然保護区などで構成される高級リゾート「SINDALAH」など、30年までに全エリアの開発が完了する予定です。

国際社会で発言力を高めているサウジアラビア

サウジアラビア

イスラム教2大聖地「メッカ」「メディナ」を有し、世界的に影響力大		世界最大級の石油埋蔵量、生産量、輸出量を誇るエネルギー大国

サウジアラビアは1932年に建国された若い国であり、人口も3594万人と少ないものの、世界市場での売上高で上位5本の指に入るアラムコ石油（ARAMCO）など世界屈指の企業を有している。ただし、国家輸出総額の約9割、財政収入の約8割を石油に依存しているため、クリーンエネルギーやリゾート開発などで経済の多角化を目指している。

さらに……

エジプト　エチオピア　イラン　サウジアラビア　アラブ首長国連邦(UAE)

5ヵ国が2024年1月に新規加盟

BRICS

拡大したBRICSには、世界の人口の約45％、国内総生産（GDP）の約29％、原油生産の約45％が集中すると見られ、経済・外交面で結び付きを強化し、アメリカやEUなど先進国への対抗軸として国際社会での発言力拡大を目指していくことが予想される。

第 5 章

パックス・アシアーナの地政学と日本

▶ 01　日本のアジア進出と阻害

近代日本の最初の
国際戦争 日清戦争

　明治維新後、日本の地政戦略を構築する上で重要だったのが**アジア**でした。日本政府は鎖国を続ける李氏朝鮮に開国を迫りました。17世紀以降、朝鮮半島は清の支配下にありました。**征韓論**が高まりを見せる中、**江華島事件**を契機に、李朝に圧力をかけ、1876年、釜山、仁川、元山3港の開港のほか領事裁判権や無関税特権など不平等条項を含む**日朝修好条規**を結びました。1894年、朝鮮で農民の反乱（東学党の乱）が起こり、制圧できない朝鮮政府が清に出兵を要請すると、日本も混乱に乗じて朝鮮に出兵しました。しかし、事態が改善した後も日清両軍は撤兵せず、対立を深め、同年8月、日本は清に対して宣戦布告し、日清戦争が始まりました。日本は戦局を優勢に進めて、翌1895年4月、**日清講和条約（下関条約）**が結ばれ、両国は講和しました。これにより、清は朝鮮の独立を認め、日本に遼東半島、台湾、澎湖諸島を割譲し、賠償金2億両を支払うことになりました。

　ところが同じく極東への進出を目論むロシア・ドイツ・フランスの三国が、日本の遼東半島領有は極東平和の障害となるとして、遼東半島の返還を日本に要求しました（**三国干渉**）。ロシアとの衝突を避けるため、日本はこの勧告を受け入れ、還付補償金三千万両と引き換えに遼東半島を清に返還しました。勝利したにもかかわらず、遼東半島を手放さなければならなかった日本は「臥薪嘗胆」（復讐の日のために今は我慢しよう）を合言葉に団結していきました。他方、台湾には台湾総督府を置き、1945年まで統治を行いました。こうして日本はアジア進出の最初の足がかりを得たのです。

30秒でわかる! ポイント

日清戦争勃発

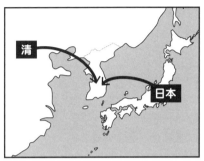

1894年、朝鮮で農民の反乱（東学党の乱）が起こり、制圧できない朝鮮政府が清に出兵を要請すると、日本も混乱に乗じて朝鮮に出兵。

事態が改善した後も日清両軍は撤兵せず、対立を深め、同年8月、日本は清に対して宣戦布告し、日清戦争が勃発。

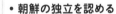

清の条件

- 朝鮮の独立を認める
- 日本に遼東半島、台湾、澎湖諸島を割譲
- 日本に賠償金2億両を支払う

日本 [下関条約を結び、和解] 清

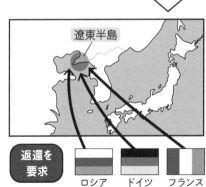

ロシア・ドイツ・フランスの三国が、日本の遼東半島領有は極東平和の障害となるとして、遼東半島の返還を日本に要求（三国干渉）。

日本はこの勧告を受け入れ、還付補償金3千万両と引き換えに遼東半島を清に返還。

遼東半島

返還を要求

ロシア　ドイツ　フランス

▶ 02　本格的な帝国主義国家への歩み

本格的にアジア進出へ
日露戦争

　日清戦争の結果、弱体化を露呈した清で、1900年「扶清滅洋」(清を助け、西洋を撃滅する)を唱える義和団の乱が起こりました(**北清事変**)。アヘン戦争以降、清に足場を築いていた列国は連合軍を組織して反乱を鎮圧、翌年、巨額の賠償金(9億8000万両)と外国軍の北京駐兵権を認めた北京議定書が清と英・米・独・仏・墺(オーストリア)・伊・露・日・西・蘭・ベルギーの12ヵ国間で結ばれました。これにより清のその後の半植民地化が決定的となりました。義和団の乱以降、ロシアが現在の中国東北地方(奉天・吉林・黒竜江)を支配、朝鮮半島の利権独占を狙う日本との間で軋轢が高まりました。日本は遼東半島を返還したことでロシアに対する憤りもあり、04年2月、日本は仁川・旅順のロシア艦隊を奇襲、こうして**日露戦争**が始まりました。ロシアが誇るバルチック艦隊を撃破するなど日本は戦局を優位に進め、翌05年、**フランクリン・ルーズベルト米大統領**の仲介により**ポーツマス条約**が結ばれました。この条約で日本は朝鮮半島の保護権、遼東半島南部の租借権、北緯50度以南の南樺太の領有権、沿海州の漁業権を獲得しました。この時に譲渡された**南満州鉄道**は、日本を本格的にアジアに向かわせるきっかけになりました。

　その後、日本とロシアは勢力圏を相互に尊重する日露協約を1907年に締結しました。ところがこれをよく思わなかったのがアメリカでした。カリフォルニアでの日本人児童通学拒否事件が発生すると瞬く間に全米に日本人排斥運動が広がり、24年の移民法により日本人移民は完全に禁止されました。日本とアメリカはこうして敵対関係になっていきました。

30秒でわかる！ ポイント

日露戦争勃発

1900年、義和団の乱が起こる（北清事変）。列国は連合軍を組織して反乱を鎮圧。

義和団の乱

列強

清の半植民地化が決定的に

⇩

北京議定書を締結

清と英・米・独・仏・墺・伊・露・日・西・蘭・ベルギーの12ヵ国間

- 賠償金9億8000万両
- 外国軍北京駐兵権を承認

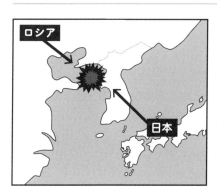

ロシア

日本

1904年2月、日本は仁川・旅順のロシア艦隊を奇襲、日露戦争が始まる。

翌1905年

ポーツマス条約を締結

⇩

日本が獲得したもの

- 朝鮮半島の保護権
- 遼東半島南部の租借権
- 北緯50度以南の南樺太の領有権
- 沿海州の漁業権

5

パックス・アシアーナと日本

枢軸国への道

第一次世界
大戦

　日本は1910年、韓国を併合し、さらに**第一次世界大戦**をきっかけに大陸進出を本格的に模索します。日本はドイツに宣戦布告して、ドイツ権益の中心であった山東半島の青島を占領して、1915年二十一ヵ条の要求を中国に突きつけ、ドイツの権益の継承、大連・旅順の租借権と南満州鉄道の期限を99年に延長、漢陽・大冶などの鉄鉱石・石炭の権益を認めさせることに成功しました。特に大冶の鉄鉱石は、日本の近代化を目的として1901年に操業を開始した**八幡製鉄所**で使用するため、地政戦略上大きな意義がありました。

　1928年6月、満州で力を握る軍閥の首領・張作霖を乗せた特別列車が中国に駐留していた日本の関東軍によって爆破されました（**張作霖爆殺事件**）。日本は中国革命軍の仕業だとしました。1931年9月、関東軍が再び奉天郊外の柳条湖で南満州鉄道爆破事件を起こし（**柳条湖事件**）、これも同じく中国側の犯行にして満州の占領に乗り出すのです（**満州事変**）。翌32年、日本は満州国を建国、国際連盟は**リットン調査団を派遣**して調査し、満州国の不承認（賛成42、反対1、棄権1）が総会で決議され、日本は不服として33年に連盟を脱退します。日本はこうして国際社会に背を向けていくのです。37年には**盧溝橋事件**が発生、日中戦争を開始します。孤立を深める日本は、満州をロシアから守るため、同じくロシアと対峙するナチスドイツに接近し地政戦略として勢力均衡を図っていきます。ロシアとの衝突を避けたい日本は、資源や領土を獲得するために南進政策を進めていきますが、最終的にこうした行動がアメリカの逆鱗に触れることになります。

満州国建国

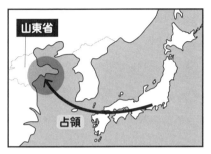

日本は第一次世界大戦に参戦し、山東半島の青島を占領。

⬇

1915年、二十一ヵ条の要求を中国に突きつける。

日本の要求

* ドイツの権益の継承
* 大連・旅順の租借権と南満州鉄道の期限を99年に延長
* 漢陽・大冶などの鉄鉱石・石炭の権益

 張作霖爆殺事件   柳条湖事件   満州事変

1932年、日本は満洲国を建国。

⬇

国際連盟は満州国不承認（賛成42、反対1、棄権1）で決議。

⬇

日本は1933年に国際連盟を脱退。

⬇

1937年の盧溝橋事件をきっかけに、日中戦争が開始。

アジア侵略の道程

**第二次世界
大戦①**

　1939年9月1日、ドイツがポーランドに侵攻し、3日にイギリスとフランスがドイツに宣戦して**第二次世界大戦**が勃発しました。この頃、日本は日中戦争終結を図りましたが、蒋介石の重慶政府は徹底抗戦の構えであったため、戦争を継続、アメリカはこれに対して1939年7月、日本に日米通商条約の破棄を通告しました。1940年、オランダとフランスがドイツに降伏すると、東南アジアのフランス領インドシナやオランダの植民地インドネシアに対する関心が高まり1940年9月、北部仏領インドシナに日本軍は進駐しました。同月、**日独伊三国同盟**が結成され、日本は枢軸国の一員として、連合国に対抗していくことになります。

　1941年4月、南進を続けていく上でソ連の脅威をそぐために**日ソ中立条約**を締結します。同年7月には、南部仏領インドシナにも進駐します。アメリカはこうした日本の動きに対し、在米日本資産の凍結と対日輸出禁止をもって対抗しました。日本はアメリカに石油資源のほとんどを依存しており、大打撃となりました。さらに、中国、イギリス、オランダもアメリカに追従したため、いわゆる**ABCD包囲網が築かれ、日本は動きを封じられました**。日本はアメリカと和解の道を模索し、41年4月から国務長官**コーデル・ハル**と**野村吉三郎駐米大使**の間で話し合いが続けられましたが、11月26日、アメリカは中国と仏領インドシナからの全面撤兵と日本が中国に有する権益を満州事変前に戻すことを要求したため、交渉は決裂、12月1日、日本はアメリカ・イギリス・オランダに対して開戦を決定、12月8日、**真珠湾を奇襲攻撃**しました。

第二次世界大戦中の日本

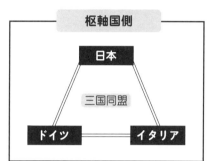

枢軸国側

日本

三国同盟

ドイツ　　イタリア

1939年7月、アメリカは日本に対して日米通商条約の破棄を通告。
日独伊三国同盟が結成され枢軸側の結束を図り、連合国に対抗していくことが目指される。

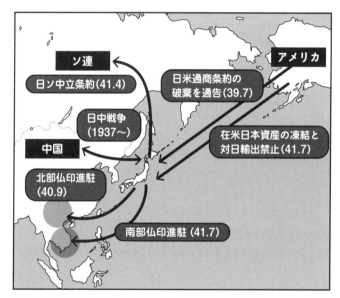

ソ連

日ソ中立条約(41.4)

日中戦争
(1937～)

中国

北部仏印進駐
(40.9)

南部仏印進駐 (41.7)

アメリカ

日米通商条約の
破棄を通告(39.7)

在米日本資産の凍結と
対日輸出禁止(41.7)

南部フランス領インドシナにも進駐。アメリカは在米日本資産の凍結と対日輸出禁止をもって対抗。1941年12月1日、日本はアメリカ・イギリス・オランダに対して開戦を決定、12月8日、真珠湾を奇襲攻撃。

▶ 05　太平洋戦争

幻となった 大東亜共栄圏

　東條英機内閣は、1941年12月8日、アメリカとイギリスに対し宣戦布告して**太平洋戦争**に突入しました。日本海軍は、アメリカ太平洋艦隊の本拠地であるハワイ・オアフ島の真珠湾攻撃でアメリカ海軍に大打撃を与えました。翌1月、日本軍はフィリピンのマニラを占領し、さらにイギリスが支配するシンガポール、香港を攻略しました。また、石油・ゴムなどの資源を有するオランダ領インドネシアにも侵攻、ジャワ島・スマトラ島からティモール島までを占領しました。日本軍は開戦後半年で北はアリューシャン列島、南はビルマからニューギニア島、ソロモン諸島まで占領地を拡大し、**「大東亜共栄圏」**を建設して欧米に対抗しようとしました。1943年8月にはビルマに、10月にはフィリピンに対して独立を認め、11月には満州、タイ、インド代表と大東亜会議を開催するなど、その目論見は成功するかに思われました。

　ところが、42年6月の**ミッドウェー海戦**で大敗北を喫して多くの航空母艦を失うと、一転、劣勢になり、43年2月、ガダルカナル島から撤退、7月にはサイパン島が陥落してアメリカは太平洋上の島々を次々と攻略していきます。同月、東條内閣が倒れ、44年3月からビルマで始まった**インパール作戦**も失敗、45年2月には米軍は**硫黄島**に上陸、4月からは沖縄への上陸作戦が開始。日本は本土にも連日爆撃を受け、敗戦が濃厚になりました。

　1945年8月6日広島に、8月9日長崎に原子爆弾が投下され、8月15日に**ポツダム宣言**を受諾して降伏しました。日本人の犠牲者は軍民合わせて310万人、アジア太平洋で1800万人以上が犠牲になったと見られています。

30秒でわかる！ ポイント

日本が目論んでいた大東亜共栄圏

中国

ラオス

ベトナム

ビルマ

タイ

台湾

香港

カンボジア

マレーシア

フィリピン

インドネシア

ニューギニア島

シンガポール

ティモール島

ソロモン諸島

アリューシャン列島

日本を中心とした
共存共栄の秩序を
確立しよう！

大東亜共栄圏

太平洋戦争

1941年12月	太平洋戦争開始
1942年 6月	ミッドウェー海戦で大敗北
1943年 2月	ガダルカナル島から撤退
1943年 7月	サイパン島が陥落
1943年 7月	東條内閣が倒れる
1944年 3月	ビルマで始まったインパール作戦失敗
1945年 2月	米軍、硫黄島に上陸
1945年 4月	米軍、沖縄への上陸作戦が開始
1945年 8月	広島・長崎への原子爆弾投下
1945年 8月	15日にポツダム宣言を受諾し降伏

アメリカの日本占領

戦後の日本①

　無条件降伏した日本は**連合国総司令部（GHQ）**の支配下に置かれ、**ダグラス・マッカーサー**を司令官とするアメリカ軍の占領統治が行われました。その過程で武装解除・財閥解体・教育改革など民主化が進められていきました。1947年5月3日、GHQが起草した**「日本国憲法」**が施行されました。その一方で、アメリカが極東で最も気にしたことが、48年の共産党率いる中国の建国と、翌49年のソ連の原爆の開発の成功でした。さらに50年6月には朝鮮戦争が始まり、日本をできる限り早く再生することが重要な課題となりました。第二次世界大戦中、アメリカ、イギリス、ソ連は、**ファシズム**という共通の敵と戦いましたが、資本主義対共産主義というイデオロギーの違いから次第に意見が対立するようになりました。アメリカはヨーロッパにおいてドイツの戦後処理でソ連と敵対し、ドイツは東と西に分割され2つの国家としてそれぞれの道を歩むことになりました。その他ベトナムや朝鮮半島でも分断国家が生まれました。世界が東西陣営に分かれ、それと同時に部族間紛争や反植民地紛争が激化していきました。

　国防に関して、GHQは軍を事実上解体していましたが、1950年8月警察予備隊を創設、再軍備の道が開かれました。51年9月、サンフランシスコで**講和条約**が締結され（52年4月発効）、日本は社会主義国やインド、中国以外の国と国交を回復、と同時に独立国家として国際社会に復帰することになりました。ポツダム宣言受諾以降、アメリカの占領下にありましたが、日米安全保障条約にも調印し、名実ともに日本はアメリカの同盟国として再出発することになりました。

30秒でわかる! ポイント

戦後日本の復興

連合国総司令部
（GHQ）による支配

マッカーサー

> 武装解除

> 財閥解体

> 教育改革

> 日本国憲法の起草

**1950年8月
警察予備隊を創設**

1951年9月、サンフランシスコで講和条約が締結される（52年4月発効）。

講和条約締結

・社会主義国やインド、中国以外の国と国交を回復

・独立国家として国際社会に復帰

サンフランシスコ講和条約に
署名する吉田茂首相

米ソ冷戦と日本

戦後の日本②

　1945年8月、ソ連は日ソ中立条約を一方的に破棄して日本に宣戦し、満州に侵攻して樺太・千島も占領しました。実は45年2月の**ヤルタ会談**で、戦後ドイツの4ヵ国（米・英・仏・ソ連）共同管理や国際連合の創設が話し合われましたが、その他にも米ソ間の秘密協定があり、ソ連の対日参戦（ドイツの降伏以後3ヵ月以内）や、日露戦争後に日本に割譲されていた樺太南部および千島列島、大連・旅順および南満州鉄道の利権の回復についても話し合われていました。

　この**ルーズベルト**のソ連への譲歩は戦後、極東の地政学において、ソ連のアジア進出を後押ししたと批判の的になりましたが、当時のアメリカは、ソ連がその後、本格的にアメリカと対立していく巨大な相手になるとは想像していなかったといわれています。また、日本の戦闘能力を過大に見積もっていたこと、そのため戦後処理にソ連の力を必要としていたことなどもソ連への譲歩の理由として挙げられます。日本は、戦後、北方領土の問題や、ソ連に抑留されていた日本人の帰還などの問題からソ連と交戦状態が継続、最終的に1956年10月に調印、12月に批准された**日ソ共同宣言**まで、国交回復を待たなければなりませんでした。締結後、日本は国連に加盟することができましたが、日本とロシア間には今も平和条約は締結されていません。平和条約が締結されれば**歯舞群島・色丹島**については日本に引き渡すことが同意されていますが進展はありません。冷戦終結後、日本とロシアは関係が改善したこともありましたが、ロシアのウクライナ侵攻後、両国関係は再び冷え込んでしまいました。

30秒でわかる! ポイント

冷戦と日本

- **1945年2月（ヤルタ会談）**
  米ソ間で秘密協定を締結。米・英・中の間で朝鮮の独立や日本の領土に関しても議論されていた。例えば、ソ連の対日参戦（ドイツの降伏以後3ヵ月以内）や、日露戦争後に日本に割譲されていた樺太南部および千島列島、大連・旅順および南満州鉄道の利権の回復について話し合われていた。

- **1945年8月**
  ソ連は日ソ中立条約を一方的に破棄して日本に宣戦し、満州に侵攻して樺太・千島も占領。

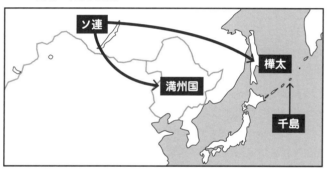

日本は、戦後、北方領土の問題や、ソ連に抑留されていた日本人の帰還などの問題からソ連と交戦状態が継続。

最終的に1956年10月に調印、12月に批准された日ソ共同宣言まで、国交回復を待たなければならなかった。

日本とロシアの課題

- **日本とロシア間には今も平和条約は締結されていない**
- **歯舞群島・色丹島の返還などの宣言は今も守られていない**

▶ 08　アジアにおける日本の立ち位置

戦後の日本と地政戦略

戦後の日本③

　日本の敗戦以降、朝鮮半島はアメリカ・イギリス・ソ連・中国の4ヵ国で5年間、信託統治下において管理することが決められました。ところがアメリカで抗日運動を率いてきた李承晩が朝鮮半島南部を掌握して**48年に大韓民国建国**を宣言、対してソ連の支援で抗日ゲリラ闘争を進めてきた**金日成**が北部を掌握して**朝鮮民主主義人民共和国の建国**を宣言、事実上分断国家となりました。1950年6月、南北間の軍事衝突が続いていた**北緯38度線**を越えて北軍が攻勢に出たことで朝鮮戦争が始まりました。朝鮮戦争は日本にとって、経済発展の礎を築くことを可能にした戦争になりました。米軍が朝鮮半島で使用する軍事物資の製造を委託したり、増大する駐留米軍の生活物資全般を調達したりしたからです。さらにアメリカ本国からの経済支援が加速し、徐々に日本経済は発展していきました。アメリカが65年から本格的に参戦する**ベトナム戦争**も日本に同様の経済効果をもたらしました。

　ソ連のみならず、共産主義国家が日本海を隔てた隣国であるということは日本にとって地政学の観点からも大きな意味を持ちました。地理的に米ソイデオロギー対立の最前線に位置したことが、日本の安全保障面を極めて不安定なものにした一方、そのおかげで経済成長をかなりのスピードで成し遂げることができたことは間違いありません。また大陸から離れた島国ということがイギリスと同様、防衛上重要な戦略的資産になりました。地政学は常に正と負の両面を見る目を養うことができる学問ですが、日本は戦後、国際政治の厳しい局面の中で、生き抜いていくことに成功しました。

30 秒でわかる！ ポイント

1950年、南北に分断された朝鮮半島で戦争が勃発

米軍が軍事物資の製造を委託したり、増大する
駐留米軍の生活物資全般を調達

アメリカ本国からの
経済支援も加速

朝鮮戦争は日本にとって、経済発展の礎を築くことを可能にした戦争に

アメリカが65年から本格的に参戦するベトナム戦
争も日本に同様の経済効果をもたらした

日本の地政学的
位置付けとは？

戦略上極めて
重要なバッファ
ゾーン

大陸から離れた
島国ということ
が防衛上重要
な戦略的資産に
なっている！

米ソイデオロギー対立の最前線に地理的に位置した

⬇ ⬇

 安全保障面は
極めて不安定

 経済成長をかなりのスピード
で成し遂げることができた

▶ 09　日本と米軍との関係

日米同盟
米軍基地の意味

　日本には、北海道から沖縄まで、**全国に130ヵ所の米軍基地**（1024平方キロメートル）があります。そのうち**米軍専用基地は81ヵ所**で、他は自衛隊との共用です。主な米軍基地として、北から三沢空軍基地（青森県三沢市）、横田空軍基地（東京都福生市など）、横須賀海軍基地（神奈川県横須賀市）、岩国海兵隊基地（山口県岩国市）、佐世保海軍基地（長崎県佐世保市）と沖縄の嘉手納基地（沖縄県嘉手納町など）があります。中でも**横田基地**は**在日米軍司令部および在日米空軍司令部と、第5空軍司令部が置かれており東アジアにおける米軍の主要基地**です。また横須賀米海軍基地も中国、北朝鮮、ロシア、そして太平洋での有事に対応する部隊が置かれていて、第7艦隊に所属する原子力航空母艦「ロナルド・レーガン」、「揚陸指揮艦ブルー・リッジ」、ミサイル巡洋艦および駆逐艦（**イージス艦**）といった軍艦が母港としており、空母の母港として横須賀はアメリカ国外で唯一国外に置かれている最重要拠点でもあります。沖縄には、**沖縄全土の10.2%、本島の18.4%に米軍基地**が配備されていますが、その中心は、米海兵隊基地です。総面積は2024年1月現在で約19.85平方キロメートルあります。米軍基地としては極東で最大かつ最も活発な運用がなされている基地です。これらの基地以外にも、アメリカは日本に訓練空域、訓練水域を持ち、その広さは九州に匹敵すると見られます。

　アメリカ宇宙軍は2022年11月、ハワイにインド太平洋宇宙軍を創設しました。さらに同年12月には在韓米宇宙軍の運用を開始しています。近い将来に日本国内に司令部を置く可能性もあります。

30秒でわかる！ ポイント

在日米軍基地の意味

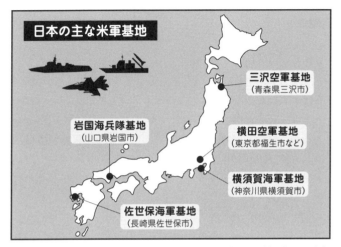

日本の主な米軍基地

三沢空軍基地
（青森県三沢市）

岩国海兵隊基地
（山口県岩国市）

横田空軍基地
（東京都福生市など）

横須賀海軍基地
（神奈川県横須賀市）

佐世保海軍基地
（長崎県佐世保市）

横田基地は在日米軍司令部および在日米空軍司令部と、第5空軍司令部が置かれており東アジアにおける米軍の主要基地。横須賀米海軍基地も中国、北朝鮮、ロシア、そして太平洋での有事に対応する部隊が置かれている。

2024年1月現在、沖縄には、沖縄全土の10.2%、本島の18.4％（19.85平方キロメートル）に米軍基地が配備されている。米軍基地としては極東で最大かつ最も活発な運用がなされている。

アメリカの太平洋での覇権の維持は日本が担っている。

基地があるエリア

嘉手納基地
（沖縄県嘉手納町など）

普天間飛行場
（沖縄県宜野湾市）

日本と中国

　第二次世界大戦後、日本は平和国家として、もっぱら経済的な側面から国際貢献をしていきました。特にアジアに対しては、戦後補償の一環として経済支援を積極的に行いました。中国にも韓国にも技術供与を行い、経済発展の道筋をつけました。**先進国首脳会議G7**の中で日本は、欧米諸国の中で唯一アジアの中からメンバーになりました。90年代まで日本は経済で世界第2位の地位を占めるまでになり、発言力も増しました。

　この間、地政学的に大きな変化が訪れました。ソ連の崩壊と中国の台頭、そして北朝鮮の最高指導者金日成の死去と**金正日体制**（キムジョンイル）の出現です。ソ連が崩壊したことで、**米ソ核戦争**の脅威は減少しましたが、日本は新しい北朝鮮の指導者と、経済大国として台頭しつつある中国との付き合い方を考えていく必要が出てきました。しかし90年代以降、日本はバブル崩壊もあって、経済停滞の時代が続いて内向き（少子高齢化問題や年金問題など）になり自信を失ってしまいました。2000年以降は、中国にもGDPで追いつかれ、その後抜かれてしまい、政治的にも経済的にもアジアの盟主の地位を降りることになりました。2010年以降は、アメリカと中国の対立が続き、アメリカの**地政戦略上、日本は中国を抑える防波堤の役割を担う**ことになりました。アメリカは米軍駐留費を日本に肩代わりさせています。世界に目を転じてみると世界で2番目に駐留米軍が多いドイツでは駐留費を一切負担していません。日本はこのままアメリカの対中国政策の前線基地であり続けるのか、中国との友好路線にシフトしていくのか、考えていくべきところに来ていると思います。

30秒でわかる！ ポイント

G7の1国としての日本

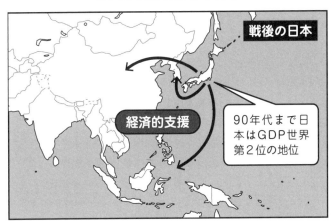

戦後の日本

経済的支援

90年代まで日本はGDP世界第2位の地位

日本はアジアに対しては、戦後補償の一環として経済支援を積極的に行った。先進国首脳会議G7の中で日本は、欧米諸国の中で唯一アジアの中からメンバーになる。

2010年以降は、アメリカと中国の対立が続き、地政学的観点からも日本は中国を抑える防波堤の役割を担うことに。

しゅうきんぺい
習近平

日本は新しい北朝鮮の指導者と、経済大国として台頭しつつある中国との付き合い方を考えていく必要が出てくる。

▶ 11 核実験を繰り返す北朝鮮の未来

軍事的に台頭する北朝鮮

　2024年1月15日、北朝鮮の最高指導者である**金正恩**朝鮮労働党総書記は平壌で開催された**最高人民会議**（国会に相当）で、韓国を**「第1の敵対国」**と位置付け、憲法改正に踏み切ることを宣言しました。会議では祖国平和統一委員会や、韓国との観光事業を担った金剛山国際観光局など南北対話や協力のための機関の廃止も決めました。韓国側が海上の境界線と設定する**「北方限界線」**を認めないとして「韓国がわれわれの領土、領空、領海を0.001ミリでも侵せば、戦争挑発と見なす」と述べ核の先制使用の可能性も示唆しました。北朝鮮は2006年以降、核実験を繰り返し、核開発能力の向上を目指してきました。金正恩が2011年12月30日に北朝鮮軍最高司令官に就任すると、同国ではミサイル発射・核実験が頻繁に行われるようになりました。2012年に6700キロ以上が射程になる長距離弾道ミサイル**「テポドン2」**改良型の発射に成功、その後も2015年にはレーダーに捕捉されにくい**潜水艦発射弾道ミサイル（SLBM）**の発射に成功したと発表しています。

　日本海へ向けて発射実験を繰り返していることからアメリカや韓国のみならず日本にとっても緊張が高まっています。2017年9月に行われた6回目の核実験では、**ノルウェー地震観測網（NORSAR）**が爆発の規模を120キロトンと推定しました。広島と長崎に投下された原爆の威力が15キロトンとされていますので、この威力がどれほどすさまじいものかがわかります。2018年6月米朝首脳会談が初めて実現しましたが、最大の敵と位置付ける核保有国のアメリカと「対等」に渡り合うのが狙いで、その後話し合いは決裂しています。

30秒でわかる！ポイント

軍事力を増す北朝鮮

韓国は
「第1の敵対国」

金正恩

韓国側が海上の境界線と設定する「北方限界線」を認めないとして「韓国がわれわれの領土、領空、領海を0.001ミリでも侵せば、戦争挑発と見なす」と述べ核の先制使用の可能性も示唆。

北朝鮮による核実験

2006年	核実験開始、核開発能力の向上を目指す
2012年	6700キロ以上が射程になる 長距離弾道ミサイル「テポドン2」改良型の発射に成功
2015年	レーダーに捕捉されにくい 潜水艦発射弾道ミサイル（SLBM）の発射に成功
2017年	9月、6回目の核実験では、ノルウェー地震観測網 （NORSAR）が爆発の規模を120キロトンと推定 ※広島と長崎に投下された原爆の威力が15キロトンとされている

トランプ元大統領　　米朝交渉は決裂　　金正恩

▶ 12　平和の実現に向けた取り組み

太平洋地域の安全に向けて

　中国が台頭するにつれてアメリカはオバマ政権以降**リバランス**というアジア重視戦略を打ち出して強化してきました。さらに核兵器の開発に成功した北朝鮮で金正恩体制が出現したことも重大な問題になりました。アメリカは、冷戦期にイギリスと協力し、情報を収集、分析を行っていましたが、現在は主にカナダ、オーストラリア、ニュージーランドの英語圏5ヵ国による機密情報共有の枠組みである通称**「ファイブ・アイズ」**を使用して、情報分析しています。日本はこのファイブ・アイズのメンバーではありませんが、外務省の国際情報統括官室がこれらの国とつながり日々情報交換を行っています。他方で、**日本は、アメリカ、オーストラリア、インドと日米豪印戦略対話／4ヵ国戦略対話（Quadrilateral Security Dialogue 通称クアッド）**によって、**「自由で開かれたインド太平洋」**の実現に向け、幅広い分野で実践的協力を進めています。質の高いインフラ、海洋安全保障、テロ対策、サイバーセキュリティ、人道支援・災害救援等の様々な分野で実践的な協力を推進しています。こうした取り組みは一層強化されていくはずです。また日本はアメリカと韓国とも首脳会合を頻繁に開くなど北朝鮮に対する防衛策を協議しています。韓国は米軍の地上配備型ミサイル迎撃システム（THAAD）を配備して防衛を強化しています。**サードとは Terminal High Altitude Area Defense Missile（高高度防衛ミサイル）**の略称で、敵の弾道ミサイルを大気圏に再突入した最終段階で迎撃するシステムです。ただしこの配備によって中国を刺激することになりました。韓国が同システムを配備したのは北朝鮮の脅威が高まっているからでした。

30秒でわかる！ ポイント

「自由で開かれた太平洋」実現へ

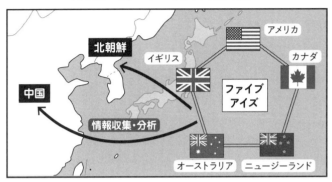

アメリカ、イギリス、カナダ、オーストラリア、ニュージーランドの英語圏 5 ヵ国による機密情報共有の枠組みである通称「ファイブ・アイズ」

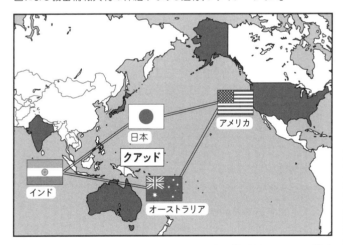

日本は、アメリカ、オーストラリア、インドと日米豪印戦略対話／4 ヵ国戦略対話（Quadrilateral Security Dialogue 通称クアッド）によって、「自由で開かれたインド太平洋」の実現に向け、幅広い分野で実践的協力を進めている。

▶ 13　2050年の日本の立ち位置

太平洋諸国と日本

　2050年は「大西洋の時代」（パックス・アトランティカ）からパワーシフトが起き「アジアの時代」（パックス・アシアーナ）もしくは「太平洋の時代」（パックス・パシフィカ）に移行するといわれています。その頃、**日本**は世界でどのような立ち位置にいるでしょうか。PwCによれば、**GDP**は世界第8位で、上位5ヵ国にも入っておらずインドネシア、ブラジル、メキシコにも抜かれています。移民をこのまま受け入れることがなければ、日本は若者の労働人口が減少し、多様性のない社会へと推移し、硬直化していく可能性があります。日本人の細かいニーズに対応する企業努力は世界では通用せずグローバルリーチを有する産業・製品は生み出せないかもしれません。世界を驚かせるようなアイデアも生まれることなく、ますます中国製品やアメリカ製品に飲み込まれていくと考えられます。中国語は英語と並んでおそらく最も人気のある言語になり、多くの若者が中国に留学し、中国で生活をするようになるかもしれません。もちろんインドネシアへの留学や日本の企業の進出もさらに進むものと見られます。

　安全保障面では、2050年も日米安全保障条約は維持されていると考えますが、アメリカは対中国政策としてますます日本を必要とし、オフショア・バランシング政策を用いてバック・パッシング（責任転嫁）するでしょう。アメリカの対中政策の盾にならないように、地政学を考慮して先を見据えて外交政策を築いていく必要があります。日本は、中国と友好関係を維持し、さらに隣人である韓国、台湾、加えて太平洋でインド、オーストラリア、そして大国として存在感を放つことになるインドネシアなどとも友好・協力関係を築いていく必要があります。

これからの日本の立ち位置

PwC によると、2050 年の日本の GDP は世界 8 位で、上位 5 ヵ国にも入っておらず、インドネシア、ブラジル、メキシコにも抜かれている。

予測GDPの世界ランキング推移

本予測は PPP（購買力平価＝ある国である価格で買える商品が、他国ではいくらで買えるかを示す交換レート）をベースに PwC が立てたもの。

	2030年		2050年
1	中国	1	中国
2	アメリカ	2	アメリカ
3	インド	3	インド
4	日本	4	インドネシア
5	ドイツ	5	日本
6	イギリス	6	ブラジル
7	フランス	7	ドイツ

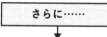

さらに……

安全保障面では、2050 年も日米安全保障条約は維持されると思われるが、アメリカは対中国政策としてますます日本を必要とし、バッファゾーン（緩衝地帯）として日本を利用すると予想される。

中国	日本	アメリカ
太平洋に出たい！	板挟み状態	中国の進出を止めたい！

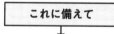

これに備えて

2050 年は「大西洋の時代」（パックス・アトランティカ）からパワーシフトが起き「太平洋の時代」（パックス・パシフィカ）もしくは「アジアの時代」（パックス・アシアーナ）に移行するといわれている。日本はそのことを念頭に置き、中国と友好関係を維持し、さらに隣国である韓国、台湾、加えてインド、オーストラリア、そして大国として存在感を放つことになるインドネシアなどとも友好・協力関係を築いていく必要がある。

世界の紛争と
経済戦争の地政学

▶ 01　テロとの戦いが与えた影響

世界を変えた9.11 アメリカ同時多発テロ

　2001年9月11日、**イスラム過激派テロ組織アルカイダ**によってアメリカの経済の中心であるニューヨークと政治の中心であるワシントンに旅客機を利用した大規模テロが発生しました。一連の攻撃で、日本人24人を含む2977人が死亡、2万5000人以上が負傷しました。アフガニスタンを支配していたタリバン政権は、同時多発テロを計画したアルカイダ指導者の引き渡しを拒んだため、2001年10月、アメリカはイギリスなどとともにアフガニスタンへの攻撃を開始、タリバン政権を倒しました。ジョージ・W・ブッシュ大統領は2002年1月の一般教書演説で、テロを支援し、**大量破壊兵器の獲得を目指す国家のことを「悪の枢軸」と呼び、北朝鮮、イラン、イラクの3国を名指しで非難**しました。同年9月、アメリカ政府は「合衆国の国家安全保障戦略」を発表、テロリストとの闘いは、国家と国家の間で、軍事組織を動員して攻撃が行われる脅威とは異なるとし、このような「新たな脅威」については、**「先制行動原則」**で行動を起こすと宣言しました。実際に2003年3月、ブッシュ・ドクトリンは、大量破壊兵器を隠し持っていると疑われたイラクに適用され、アメリカはイラクへ侵攻しました。この後**イラクでIS（イスラム国）が誕生**し、テロが頻発、アメリカは多大な犠牲を払うことになります。9.11アメリカ同時多発テロは他にも国際政治に重要な変化をもたらしました。アメリカと同じ対テロ戦争の手法を使い、独裁者がテロを制圧するという口実で反対勢力を取り締まるようになりました。**イスラエルがハマス制圧を口実にガザを無差別攻撃しているのも同じ論理**です。

アメリカ同時多発テロ

- 2001 年 9 月 11 日、イスラム過激派テロ組織アルカイダによる大規模テロ
- アメリカ経済の中心ニューヨークと政治の中心ワシントンに旅客機を利用した大規模テロが発生
- 一連の攻撃で、日本人 24 人を含む 2977 人が死亡、2 万 5000 人以上が負傷

アルカイダ

テロ

テロ制圧、先制行動原則

アメリカ

アメリカ政府「合衆国の国家安全保障戦略」を発表

- テロリストとの闘いは、国家間の軍事組織を動員して攻撃が行われる脅威とは異なるものである
- このような「新たな脅威」については、「先制行動原則」で行動を起こすと宣言

各国への影響

- 独裁者はアメリカと同じ対テロ戦争の手法で、テロ制圧を口実に反対勢力を取り締まる
- 同じ論理でイスラエルがハマス制圧を口実にガザを無差別攻撃

6

世界の紛争と経済戦争の地政学

▶ 02　イギリスの三枚舌外交と紛争

パレスチナ問題と
「シオニズム」

　現代でも激烈な戦争が続くパレスチナは、何が問題なのでしょうか。1915年、イギリスはアラブ勢力がオスマン帝国に反乱を起こす代わりに、戦後の独立を約束する**フサイン・マクマホン協定**を結びました。その一方、**フランスとロシアとの間で1916年にサイクス・ピコ協定**を結び、**戦後の中東地域の分割を秘密裡に決定**しました。さらに1917年、戦費捻出に駆られたイギリスは、**ユダヤ人の富豪ロスチャイルド家**に対して融資と引き換えにユダヤ人国家の建国を支持する**バルフォア宣言**を発表しました（「イギリスの三枚舌外交」）。終戦後、**サイクス・ピコ協定**に則り、イギリスはイラクとトランスヨルダン（現在のイスラエル、パレスチナ、ヨルダン）を委任統治領とし、フランスはレバノン、シリアを委任統治領としました。その時点のパレスチナの人口は、**アラブ人が約70万人、ユダヤ人が約6万人**で、ユダヤ人は「シオン（エルサレム）へ還ろう」を合言葉に増え続けました。これを**シオニズム**といいます。

　1933年、ドイツでヒトラーが政権についてからは、大量のユダヤ人が避難して、一挙に23万人を超えました。1936年のパレスチナの人口はアラブ人が100万人を超え、ユダヤ人が約40万人となりました。それぞれの宗教が緩やかに共存していた土地に所有意識が芽生え、宗教本来が持つ寛容の精神も崩壊していきました。その後、48年にイギリスの委任統治が終了するとイスラエルが独立を宣言。アラブ諸国が独立阻止を目指してパレスチナに進攻し、それから73年まで4度の中東戦争が勃発するのです。結局イスラエルが勝利し、パレスチナは逆にイスラエルに支配されてしまいました。

パレスチナのシオニズム

1915年　フサイン・マクマホン協定

- 大戦後のアラブの独立
- アラブのオスマン帝国への反乱

1916年　サイクス・ピコ協定

- 大戦後の中東地域は英仏露で分割統治

1917年　バルフォア宣言

- イギリスは大戦後にパレスチナにユダヤ人国家建設を認める

イスラエル

イギリスの委任統治が終了

イスラエルが独立を宣言

独立阻止のためアラブ諸国がパレスチナに進攻

4度の中東戦争

▶ 03　イスラエルと国際情勢①

イスラエルと
レバノン・シリア紛争

　イスラエルに占領されたパレスチナで難民化した人々はレバノンに逃れました。冬には白く雪化粧をするレバノン山脈を背に、蒼い地中海を望む首都ベイルートは、その美しさから中東のスイスとも呼ばれていました。また経済においても中東一帯の中継貿易・金融の中心地として世界に名をとどろかせていました。ところが、1975年からイスラエルとレバノンは戦争になりました。**パレスチナ解放機構(PLO)** メンバーが潜伏してイスラエルとの国境付近でゲリラ活動をしていたため、イスラエルはレバノン南部のゲリラ潜伏領域を攻撃したのです。これに対してレバノンで多数の人口を占めるシーア派が「神の党」を意味する**武装組織ヒズボラ**を組織してイスラエルに抵抗していきます。このヒズボラとイスラエルの戦争は現代でも続いています。ヒズボラを支援しているのが隣国シリアとイランです。イスラエルは67年の第3次中東戦争でシリアのゴラン高原を占領したまま今に至ります。シリアは返還を要求していますが、イスラエルは応じていません。ゴラン高原にはガラリア湖という貴重な水源があり、イスラエルはここから取水しているためです。返還交渉は何度も行われましたが、話し合いは中断したままです。そのためシリアはイスラエルを敵視しています。なお、シリアの独裁者**アサド大統領**はアラウィ派と呼ばれる**シーア派系**のため、シーア派の盟主イランが背後でアサド政権とレバノンのヒズボラを支援しています。また後述するイエメンのフーシ派も同じくシーア派系のため、イランはフーシ派も支援しています。今後も紛争が周辺国に拡大するリスクは否めません。

30秒でわかる! ポイント

イスラエル vs. レバノン・シリア

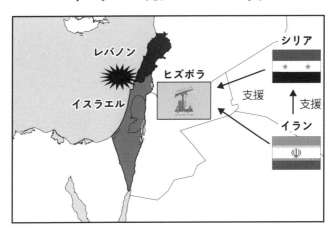

パレスチナ解放機構(PLO)メンバーが
イスラエルとの国境でゲリラ活動

イスラエルがレバノン南部のゲリラ潜伏領域を攻撃

レバノンで武装組織ヒズボラ(神の党)が
結成され、イスラエルに抵抗

イスラエルとレバノンの戦争は現代でも継続

6

世界の紛争と経済戦争の地政学

185

▶ 04　イスラエルと国際情勢②

イスラエルによる
ガザ侵攻

　パレスチナ自治区ガザを実効支配するイスラム組織ハマスが2023年10月７日に行ったイスラエルへの大規模テロ攻撃をきっかけに、**イスラエル軍がガザ地区を無差別爆撃**しました。ガザ地区では１万回以上の爆撃を受け、住居の半数以上が破壊され、少なくとも人口の半分の100万人が家を失い難民化する悲劇になりました。犠牲者は３万人を超えています。

　パレスチナは1993年のオスロ合意によって初めてイスラエル側が正式にその存在を認めた「領域」です。それまで国がないのをいいことにイスラエルはパレスチナ領域に堂々と入植を進めてきました。パレスチナは、2006年以降イスラエルと徹底抗戦を唱えるガザ地区を本拠とするハマスと、イスラエルと二国家並存を模索する自治政府の間で事実上分裂してしまいました。ハマスにはイスラエルに弱腰の姿勢を見せる自治政府への憤りもあるのです。

　ところで、地中海とヨルダン川に挟まれた地域は、エーゲ海沿岸に起源を有する**ペリシテ人の住む土地「パレスチナ」**と呼ばれ、はるか昔から様々な部族、人々が居住していました。**エルサレム**は古くから欧州・アジア・アフリカを結ぶ商業都市として発展、そこを最初に聖地としたのは、ユダヤ民族でした。**「バビロン捕囚」**や紀元70年のローマ軍の進軍によって同地から排除されると、先祖からの教えを見直し、ユダヤ教を創設しました。ところが、キリストが生まれ処刑された同地はキリスト教徒にとっても聖地になりました。７〜８世紀以降、地域に住むアラブ人にイスラム教が広がると、エルサレムはイスラム教徒にとっても預言者ムハンマドが昇天した場所として、メッカ、メディナに次ぐ**第三の聖地**となるのです。

30秒でわかる! ポイント

イスラエルとパレスチナ

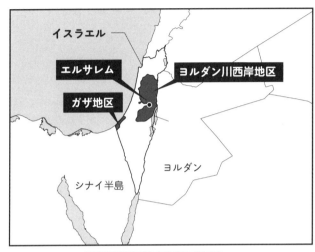

- イスラエル
- エルサレム
- ガザ地区
- ヨルダン川西岸地区
- ヨルダン
- シナイ半島

パレスチナ

分裂

ハマス	自治政府
ガザ地区が拠点 イスラエルと徹底抗戦	イスラエルと二国家並存 を模索

 大規模テロ　無差別爆撃

イスラエル

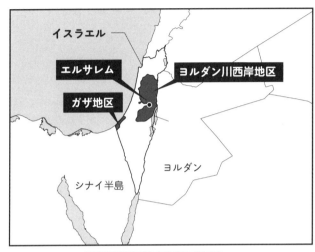

ユダヤの聖地 嘆きの壁(エルサレム)

▶ 05　中東を支配する軍需産業

ガザを攻撃する
アメリカの武器

　ストックホルム国際平和研究所（SIPRI）によると、**2017年から21年のアメリカの武器輸出は世界全体の39%** を占め、2012年から16年の期間より14% 増加しています。同期間、**アメリカの武器輸出のほぼ半分（47%）が中東に向けられました**。特にこの地域のイスラエル（335%）、カタール（208%）、サウジアラビア（175%）への武器輸出が大幅に増加しました。サウジアラビアは、2016年から20年にかけてのアメリカの武器の最大の受領国であり、全武器輸出先の24% を占めました。カタールとイスラエルは第6位と第7位の輸入国でした。

　2015年から始まるイエメン内戦に関与したサウジアラビアは、イランに対する防衛戦略にこの兵器を使用しています。アメリカは対立するイランとの関係からサウジアラビアの爆撃が民間人を無差別に標的にしていることを知りながら、武器を提供しています。軍需産業は、アメリカの政治とも密接なつながりがあり、政治献金額でも常に上位です。

　2023年10月7日のハマスによるイスラエルへのテロ攻撃以降、イスラエルはガザ侵攻を続けていますが、この侵攻に関してもアメリカは弾薬を含む軍事装備品などの供与を行っています。最新鋭の空母**「ジェラルド・フォード」** を中心とした空母打撃群をイスラエルに近い東地中海に移動、中東地域における戦闘機の部隊を増強し、即応態勢を維持しています。アメリカはイスラエルにとって最大の軍事支援国で年間の**軍事援助額は約38億ドル（約5690億円）** に上ります。ガザを空爆しているイスラエルの戦闘機はアメリカ製です。イスラエルの防空システム「アイアンドーム」が使う迎撃ミサイルや精密誘導兵器を搭載したドローンもほとんどがアメリカ製です。

30 秒でわかる！ ポイント

アメリカの武器輸出先

- アメリカの 2017〜21 年の武器輸出は世界全体の 39%（2012〜16 年より 14% 増加）
- 同期間のアメリカの武器輸出のほぼ半分 (47%) が中東向け

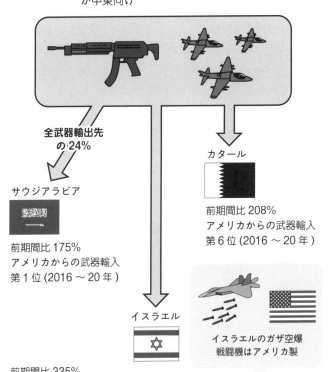

全武器輸出先の 24%

サウジアラビア

前期間比 175%
アメリカからの武器輸入
第 6 位 (2016 〜 20 年)

カタール

前期間比 208%
アメリカからの武器輸入
第 6 位 (2016 〜 20 年)

イスラエル

前期間比 335%
アメリカからの武器輸入第 7 位 (2016 〜 20 年)

イスラエルのガザ空爆
戦闘機はアメリカ製

アメリカはイスラエルにとって最大の軍事支援国
年間軍事援助額は約 38 億ドル（約 5690 億円）

▶ 06 石油輸出に影響大

中東情勢の不安と
国際経済

　イスラエルとガザのハマスによる紛争で中東情勢が安定へと向かうシナリオは描けなくなりました。アメリカは、シリアに展開するイランの革命防衛隊との関連が疑われる施設を爆撃、イランはこれに対して猛反発し、レバノンのヒズボラとともに徹底抗戦を呼びかけています。2024年に入るとイスラエル船籍の船を襲ってきたイエメンのシーア派系の武装組織フーシ派に対して、アメリカとイギリスが空爆、周辺国に紛争の拡大が危惧されています。シーア派系の武装組織ヒズボラとフーシ派、そして**スンニ派系のアルカイダを出自とするIS（イスラム国）**の生き残りなどが連帯することになれば、世界的にテロが蔓延していく可能性もあります。

　周辺国では**エルドアン大統領**率いるトルコの動向も気にかかります。エルドアン大統領は、イスラム伝統主義を重視し、イスラムの連帯を信じる指導者です。トルコは、イスラエルの駐トルコ大使を召還するなど**イスラエル政府を激しく批判**しています。トルコは**NATOの加盟国**であり、新興国の中でも政治経済・軍事的にかなりの実力を有します。トルコは世界一の軍用ドローン輸出国で、ウクライナに輸出されロシア軍を撃退してきたドローン**「バイラクタルTB2」**や最新の**「TB3」**はトルコの軍事製品です。こうした兵器がイスラエルと敵対する周辺国に輸出されれば、国際情勢はさらに混迷を深めることになります。石油・天然ガスに関してもペルシャ湾に戦闘が拡大すれば国際経済に大きな影響が及びます。スエズ運河の物流が戦闘で止まるようなことになれば世界経済は間違いなく大打撃を被ります。

パレスチナ情勢で不安定化する周辺地域

パレスチナ周辺情勢

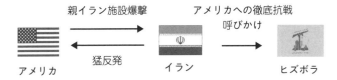

親イラン施設爆撃 → / ← 猛反発

アメリカへの徹底抗戦呼びかけ →

アメリカ　　イラン　　ヒズボラ

トルコの動向

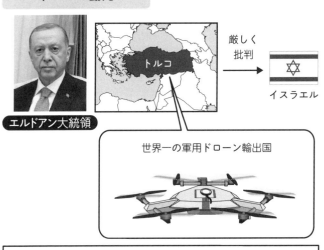

エルドアン大統領

トルコ

厳しく批判 →

イスラエル

世界一の軍用ドローン輸出国

トルコのドローンがイスラエルの敵対国に輸出される場合

⇩

国際情勢はさらなる混迷へ

▶ 07 歴史が地政学に及ぼす影響

ロシアによる
ウクライナ侵攻

　2022年2月24日、ロシアがウクライナへ軍事侵攻しました。その8年前の2014年3月、ロシアのプーチン大統領は、ウクライナのクリミア半島に侵攻し占領して独立を認める大統領令に署名、ロシア編入を決定しました。**クリミアはもともとロシア系住民が6〜7割**を占めていて、ウクライナで弾圧されているロシア系住民を保護するというのが、侵攻の理由でした。クリミアがロシアに強制的に編入されたことで、ウクライナとの敵対的関係は決定的となりました。冷戦時代からソ連は、ウクライナが東欧に接しており、かつ不凍港があるため、黒海艦隊を駐留させ地政学的に重要視していました。ロシアは、広大な領域を保有していますが、逆にいえば、どこからでも攻め込まれる広さを有します。ヨーロッパ諸国がその領土を隙あらば奪おうとしてきた歴史をロシア人は忘れていません。したがって常に確実な安全確保を求めて国境地帯に自己の勢力圏を維持し、可能な限り**バッファゾーン**の拡大を目指しているのです。このことは、ロシアン・パラノイアといってロシアの地政戦略を分析する上で必ず考えなければならない視点です。実際に冷戦崩壊後、1721年から300年かけて築いてきたロシア帝国、ソビエト帝国の領域が少しずつ欧州連合（EU）に蝕まれていったことは歴史の事実であり、プーチン大統領は危機感を覚えていたに違いありません。なお、ロシア、ウクライナ、ベラルーシの現代国家はいずれも9世紀後半から13世紀半ばにかけて、ヨーロッパの東と北に存在した国家**キエフ大公国（ルーシ）**を文化的祖先とし、ロシアとベラルーシとはそれに由来する名称です。そのため昔からの文化的つながりを重視する住民も多いのです。

30秒でわかる！ ポイント

ロシアとウクライナ

ロシア侵攻の歴史

2022年 侵攻

ロシア

ウクライナ

2014年
侵攻・編入

クリミア半島

ロシアの抱える地理的問題

ウラル山脈まで地理的障害がない

ウラル山脈

ロシア

かつてはモンゴルにも攻め込まれた

西側諸国に攻め込まれないよう、国境地帯に自己の勢力圏を
維持し、可能な限りバッファゾーンの拡大を目指す
＝
ロシアン・パラノイア

▶ 08　ロシアは核兵器を使用するのか

核の脅しと抑止力

ロシアと
ウクライナ②

　ロシアのウクライナ侵攻は、明らかに侵略戦争で、ロシアが核を使用するかが焦点になっています。現在のところは通常兵器でウクライナを攻撃していますが**北大西洋条約機構（NATO）**が直接関与するなら、核の使用も辞さないとプーチン大統領は西側諸国を脅しています。これまで核は使用する武器ではなく、抑止力に使う武器だとされてきました。では、そもそも抑止力とは何でしょうか。まず**「核の優越」**とは、ある大国が自国に大規模な報復を受ける恐れを持たずに敵国をほぼ完全に破壊できる状態を指します。この場合、核の優越を維持するためには、敵国に核武装を許さない、ということが肝要となります。もし、核保有国が2ヵ国以上存在する場合には、核の優越を維持するために、ライバル国の核兵器を無力化する能力を有していなければなりません。ただし、これは不可能です。こうした状況下ではお互いに使わないことが最善の選択になります。核を持っていても使えないのです。ところが逆にこの状況を自国の安全保障に利用しようとしてきた国があります。北朝鮮やイスラエルです。**北朝鮮は核開発に成功**し、長距離弾道ミサイルに核弾頭を装着できると見られています。ミサイル実験を頻繁にやっていますが、アメリカに攻め込まれれば核を使用すると威嚇しているのです。**イスラエルもアラブ諸国の攻撃を抑止するために核を保有しています**。ロシアがウクライナに核を使用すれば世界中から非難を受けるでしょう。人道に反する罪も生じます。そのため、核保有国が核を使用することは、通常は考えられないのです。核兵器はあくまでも防衛のためのものなのです。

核保有国と抑止

従来の核兵器使用

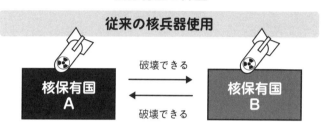

核保有国が2カ国以上存在する場合
→ お互いに核兵器を使用しないことが最善

核兵器は抑止力として使用される

安全保障のための核兵器

北朝鮮

アメリカに攻め込まれれば
核兵器を使用する

イスラエル

アラブ諸国からの攻撃を
抑止するために核を保有

国境問題で対立するパキスタンとインドも核を保有。
アメリカやイスラエルと対立するイランも
核兵器開発を模索している。

6

世界の紛争と経済戦争の地政学

▶ 09　21世紀の中東情勢

シリア内戦と
イラク内戦

　2011年、シリアの**アサド大統領**は、中東民主化運動**「アラブの春」**で自分に反対する反体制派を「テロリスト」呼ばわりし、「正当な国家保安上の取り締まり」として大規模空爆を行いました。2012年3月以降、国連はこうした事態に対し、アラブ連盟と合同でアナン前国連事務総長を特使としてシリアに派遣します。事態打開を図りアサド政権側と反体制派側双方の間で停戦合意を取り付けることに成功、最大300人で構成される**平和維持活動（PKO）**の本隊派遣を決定しました。ところが停戦合意以降も戦闘は続き、思ったほどの効果は認められず、安保理の協議も停滞する中、2014年には、アサド政権は化学兵器も使用し、シリア情勢は悪化の一途を辿りました。

　そのような中、隣国のイラクから **IS（イスラム国）** が侵入します。イラクは大量破壊兵器保有の疑いから2003年にアメリカとイギリスによる侵攻を受け、**フセイン政権**が崩壊しました。その後、シーア派のマリキ首相がアメリカとの協力体制を敷き、統治していきますが2010年の国民議会選挙でシーア派が分裂、スンニ派が勝利したものの、連立政権樹立でシーア派の協力を得ることができずに政治が空転します。その間治安も悪化、さらに1990年の**クウェート侵攻**に端を発する91年の湾岸戦争の多額の戦後賠償（総額524億ドル）によって市民生活が困窮しました。政情の混乱にあるシリアとイラクでISは占領地域を拡大、国境をまたいで両政権と反体制派との三つ巴の戦いとなり、2018年に制圧されるまで多くの人命が犠牲になりました。シリアだけで死者は47万人を超え、難民は500万人規模で発生したといわれています。イラクの死者は、30万人超と試算されています。

数十万人が犠牲になった中東の内戦

シリア内戦

```
┌──────────┐   民主化運動（アラブの春）
│          │ ─────────────────────▶
│ 反体制派  │
│          │ ◀─────────────────────
└──────────┘      大規模空爆
```

アサド大統領

> **国連は特使をシリアに派遣**
>
> 停戦合意の取り付けに成功
> 平和維持活動（PKO）の本隊派遣決定

しかし、停戦合意後も戦闘は継続

2014年には、アサド政権は化学兵器も使用
シリア情勢は悪化の一途を辿る

....

イラク内戦

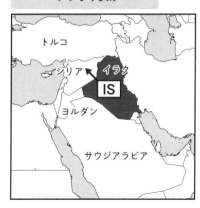

トルコ
シリア
イラク
IS
ヨルダン
サウジアラビア

IS がイラクから
シリアに侵入

シリアとイラクで IS が
勢力拡大

IS、両政権、反体制派で
三つ巴の戦いに

▶ 10 リビアの分裂と周辺国家

リビア内戦

　産油国の**リビア**は、最高指導者として**ムアンマル・カダフィ大佐**が42年間君臨しましたが、2011年に中東民主化運動「アラブの春」で市民への無差別攻撃を実行したことから、北大西洋条約機構（NATO）が中心となって体制への制圧攻撃を実行、カダフィ体制は崩壊しました。新政府樹立プロセスがうまくいかず、2014年以降、西と東で内戦状況に陥ってしまいました。現在は、15年12月、国連に暫定政権として承認された**「国民統一政府」**が首都トリポリと西部を支配し、東部から中部にかけては、カダフィ政権時の軍の上級幹部であった**ハリファ・ハフタル将軍が「東部政府」を率いて支配しています**。21年に国政選挙を実施することで合意しましたが、その後も選挙は実施できず膠着状態が続いています。リビアは産油国ですが、その利権の奪い合いも起きました。国内分裂に乗じてトルコやエジプトなど近隣の大国が影響力の拡大を狙ってそれぞれが暫定政府側と東部勢力側を軍事支援したことも政情が悪化した原因になりました。

　経済・地政学的にもトルコは、リビアの沖、地中海東部に眠る**約7000億ドル相当の天然ガス（世界の天然ガス埋蔵量の約3％をリビアは有すると見られている）**を確保したいという思惑があることから国民統一政府を支持しました。他方、エジプトがハフタル将軍率いる東部政府を軍事・経済支援している理由は、トルコへの対抗意識とハフタル将軍がイスラム勢力を制圧してくれているからです。エジプトの軍事政権がイスラム勢力を目の敵にする背景には「アラブの春」で前の軍事政権であったムバラク政権を倒して政権を握ったのがムスリム同胞団だったという理由もあります。

30 秒でわかる！ ポイント

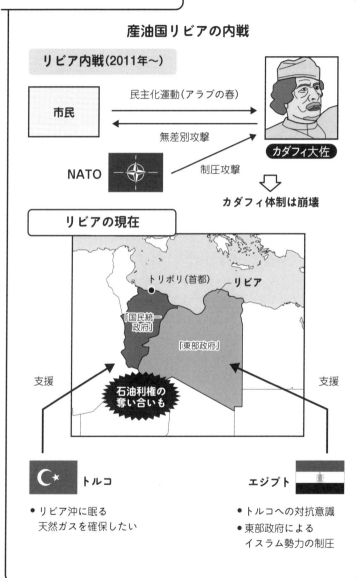

産油国リビアの内戦

リビア内戦（2011年〜）

市民 ──民主化運動（アラブの春）──→ カダフィ大佐

市民 ←──無差別攻撃──

NATO ──制圧攻撃──→

⬇

カダフィ体制は崩壊

リビアの現在

トリポリ（首都） ● **リビア**

「国民統一政府」　「東部政府」

支援　　　　　　　　　　　　　　　　　支援

石油利権の奪い合いも

トルコ

- リビア沖に眠る天然ガスを確保したい

エジプト

- トルコへの対抗意識
- 東部政府によるイスラム勢力の制圧

▶ 11　スンニ派とシーア派の代理戦争

イエメン内戦

　イエメンは長年にわたり**中東および北アフリカ地域で最も貧しい国の一つ**です。2015年初頭から激化している戦闘は重要なインフラを破壊し経済を壊滅させ、深刻な食料不安を引き起こしました。国連は、**2023年には約2410万人が飢餓と病気の危険にさらされ、約1400万人が緊急の援助を必要としている**と推定しています。実に約2900万人（2023年世銀推定）のイエメン人口のほぼ半数が影響を受けていることになります。シーア派の大半がザイド派に属し北部山岳地帯を本拠とするハーシド部族とバキール部族がその勢力の中枢を占めます。2004年にこのザイド派の宗教運動「信仰する若者」の中心人物であった**フセイン・アル＝フーシ**がイエメン当局に殺害されると反政府運動が開始されていきます。これが後に武装化し**武装勢力フーシ派**と呼ばれていくことになるのです。

　中東民主化運動「アラブの春」の余波で2011年、サレハ長期独裁政権が倒れると、政治が不安定化。アラビア半島のアルカイダ（AQAP）傘下の**アンサール・アル・シャリーア**が政情不安に乗じて流入、混乱に拍車がかかります。15年にフーシ派がハディ暫定大統領を追い出し、首都サヌアを掌握します。暫定政権を支援するサウジアラビア主導の連合軍が軍事介入し、これに対しシーア派の盟主イランがフーシ派を支援して**代理戦争**になりました。対立していたサウジアラビアとイランが2023年3月に関係正常化に合意したことで、戦闘は和らぎましたが、今も混乱が続いています。国連は22年3月の報告書で、内戦による死者が37万7000人に上ると推計。**「世界最悪の人道危機の一つ」**と警鐘を鳴らしています。

北アフリカの貧困国イエメンの内戦

サレハ長期独裁政権が倒れる

⬇

アルカイダ傘下のアンサール・アル・シャリーアが流入
政治が不安定化・混乱

イラン

サウジアラビア

オマーン

イエメン

首都サヌア

掌握 ↑

フーシ派 → 追放 → ハディ暫定大統領

支援 ← **代理戦争** → 支援・軍事介入

イラン 　　　　　　　　　　　　　サウジアラビア

▶ 12　外部プレーヤーの紛争影響

ナゴルノ・カラバフ紛争

　アゼルバイジャンの西の内陸の山岳地帯には、**隣国のアルメニア**の支援を受けたアルメニア人が住むナゴルノ・カラバフ自治州がありました。かつてはともにソ連を構成する共和国でしたが、ソ連崩壊後は、長年にわたって領土紛争の対象となってきました。散発的な衝突と暴力の激化によって2023年9月、アゼルバイジャン軍は短期間の作戦で領土の守備陣を圧倒しました。アルメニア人の大多数は居住地を捨てアルメニア本国へ避難し、**ナゴルノ・カラバフ政府**は2024年1月での消滅を発表しました。

　アルメニア人は古いキリスト教の**アルメニア正教**を信じる歴史のある民族です。アゼルバイジャン人は主に**シーア派のイスラム教徒**で言語的にトルコと近い民族です。当初、ロシアは同じキリスト教文化圏であるアルメニアと歴史的なつながりがあること、またロシア内のイスラム教徒が多く居住する**チェチェン**（その後、紛争になり、ロシアから弾圧されます）などを勢いづかせることになるためアゼルバイジャンを警戒してアルメニアを支持していました。またアメリカも旧ソ連圏の問題には強く口出しできず、結果的にロシアとともにアルメニアを支持しました。ところがその後**アゼルバイジャンがカスピ海の石油資源を開発**、**BTCパイプライン**によって**トルコから輸出**ができるようになると、アメリカは戦略的に重要な石油供給元としてアゼルバイジャンへの支持に傾いていきます。さらに隣国のトルコもアルメニアとの歴史問題もあり、アゼルバイジャンを軍事的に支援していきます。この紛争は外部のプレーヤーが重要な役割を果たした典型的な例です。

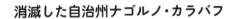

30秒でわかる！ ポイント

消滅した自治州ナゴルノ・カラバフ

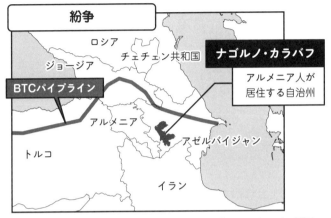

紛争

ロシア

ジョージア　チェチェン共和国

ナゴルノ・カラバフ

アルメニア人が居住する自治州

BTCパイプライン

アルメニア

トルコ

アゼルバイジャン

イラン

2023年9月　アゼルバイジャン軍によりナゴルノ・カラバフ制圧
2024年1月　ナゴルノ・カラバフ政府の消滅を発表

国際情勢

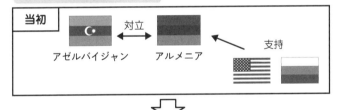

当初

アゼルバイジャン　←対立→　アルメニア　←支持

その後

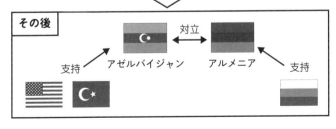

支持→　アゼルバイジャン　←対立→　アルメニア　←支持

▶ 13　国際社会に見放されるマリ

マリ内戦

**紛争と
国際社会②**

　アフリカのマリでは、2012年に砂漠の民であるトゥアレグ族からなるイスラム過激派の支援を受けて組織され、マリ北部を掌握しました。そのトゥアレグ族反政府勢力と結託した武装組織**「ISGS（大サハラのイスラム国)」**と他の武装勢力との交戦が激化し、数千人が家を追われ、多くの住民が殺害されました。マリ政府は旧宗主国であるフランスに介入を要請、その過程で2015年に政府と**「MSA（アザワド救済運動)」**、**「GATIA（イムガド・トゥアレグ自衛団と同盟集団)」**など複数の武装集団間で和平合意に至りましたが、ISGSは村々を襲撃して住民を殺害し、家屋や給水所を破壊して家畜を奪い取るなど戦闘を続けました。イスラム過激派掃討を目指したフランス軍が「さじを投げ」、マリから撤退することを決めると、さらに治安が悪化していきました。フランス軍は2022年6月13日、メナカのバルカン駐留地をマリ政府に引き渡しました。マリ当局は同盟関係にある武装集団の支援を受けながら、ISGSに対する再反攻の準備を進めていました。ところが2023年6月、国連使節団もマリ北部から撤退を決めると、マリ軍とトゥアレグ族など反政府勢力との間の敵対関係が再燃、これに乗じてISGSをはじめとしたイスラム武装勢力が勢力を盛り返して攻撃が増加するという極めて危険な状況に陥ることになりました。もはやフランスも国連もマリの政情不安に対して資源も人員も割く余裕がありません。住民らは、救出を求めていますが、地政学的にもマリが国際社会の関心を引くものはなく、国際社会は手を施す用意がありません。地理的に内陸にある同国には市民のための救援物資も十分に届けることができないのです。

武装組織に支配されるマリ

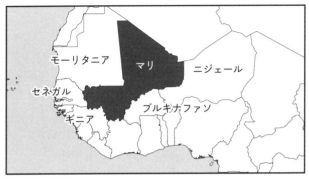

この地域は、道路や鉄道などインフラは十分に整備されておらず、また大型船が接岸できる良港が少なく、加えて大きな河川は急流で滝に阻まれるため、物資の流通に適さない

トゥアレグ族反政府勢力

 結託

| ISGS（大サハラのイスラム国） | ←交戦激化→ | 他の武力勢力 |

マリ政府は旧宗主国であるフランスに介入要請

⬇

フランス軍は「さじを投げ」、撤退

⋯⋯⋯⋯⋯⋯⋯⋯⋯⋯⋯⋯⋯⋯⋯⋯⋯⋯⋯⋯⋯⋯⋯⋯⋯⋯⋯⋯⋯

国連使節団もマリ北部からの撤退を決定

⬇

**マリ軍とトゥアレグ族反政府勢力との間の敵対関係が再燃
ISGSをはじめとしたイスラム武装勢力が
勢力を盛り返して攻撃が増加**

極めて危険な状況に

▶ 14　世界最大の難民を生んだ紛争

ロヒンギャ迫害難民紛争

　ミャンマー西部ラカイン州のイスラム少数民族ロヒンギャの武装勢力**「アラカン・ロヒンギャ救世軍」（ARSA）**が2017年8月、警察施設を襲撃したことに端を発して国軍による無差別の武力弾圧が始まりました。70数万人が難民として隣接するバングラデシュ南東部コックスバザール県に流入、国際社会に大きな衝撃を与えました。過去の流入と合わせて累計100万人以上がバングラデシュに居留しています。ロヒンギャとは、主にラカイン州北部で暮らしてきたベンガル系イスラム教徒が名乗る「民族名」で同州内の推計人口100万人以上（2023年時点）に加え、中東・アジアのイスラム諸国や欧米諸国に移民・難民として拡散した**ディアスポラ（離散民）**も含めると、世界中で少なくとも200万人ほどがいると見られています。ミャンマー政府と国民はイスラム教徒で肌の色が違う（アジア系のミャンマー人と比べて浅黒い）ロヒンギャをベンガル地方（現バングラデシュ）からの「不法移民集団」と見なして国籍を認めず、「ベンガリ」（ベンガル人）という蔑称で長年差別してきました。コックスバザール県内には難民キャンプが10ヵ所余りに散在し、この地域で96万人余りが暮らしています（国連集計／2023年7月現在）。このうち**クトゥパロン難民キャンプ**は約60万人が狭いエリアに密集する世界最大級のキャンプだといわれています。ロヒンギャ難民のミャンマーへの帰還の目途は立っていません。資金不足のため、難民キャンプで配給される食料は必要最低限のものに限られており、今も5歳未満の子供の多くが深刻な栄養不良に苦しんでいます。

30秒でわかる！ ポイント

ミャンマーで起きたロヒンギャ迫害

コックスバザール県内の難民キャンプ

96万人余りの難民が暮らすとされている
（2023年7月現在）

中国

バングラデシュ

ミャンマー

ラカイン州

タイ

警察施設
を襲撃

アラカン・ロヒンギャ救世軍 ⟷ **ミャンマー政府**

ロヒンギャの武装勢力

国軍による
無差別の武力弾圧

ロヒンギャとは？

- 主にミャンマー西部ラカイン州北部で暮らしてきたベンガル系イスラム教徒

- 同州内で100万人以上、世界中に200万人ほどの推計人口

- ミャンマー政府と国民により、長年差別されてきた歴史を持つ

▶ 15　アメリカの国防転換と北朝鮮

スペースパワー
vs.北朝鮮

　2010年、アメリカのオバマ政権は核兵器に依存する現在の国防体制を転換するため、地球上のどこへでもアメリカから1時間以内に到達できる新世代の攻撃システム配備を検討していました。旧ソ連の長距離弾道ミサイルを宇宙兵器で撃ち落とすという**SDI構想**が基礎にあり、これまで200億ドル近い予算が投じられたとされています。新システムは**「即時地球規模攻撃（PGS）」**と呼ばれ、長距離ミサイルで重力と大気がほとんどない宇宙空間の入り口とされる高度10万メートル（100キロメートル）まで打ち上げられた後、ミサイルから切り離された極超音速グライダーが人工衛星からの情報を受けながら標的を攻撃する仕組みで、北朝鮮の核ミサイルの迎撃などに有効だと考えられ開発が進んでいました。バイデン大統領は、副大統領時代に同システムを後押ししていたことから現在も同システムの開発を続けているとみられます。

　アメリカに対抗しようとしているのが、北朝鮮です。アメリカの国防情報局（DIA）は23年現在、北朝鮮の核弾頭保有総数を最大60発と見積もっています。核弾頭搭載可能な弾道ミサイルの発射テストを頻繁に行っており、地上発射弾道ミサイルについては、**ノドン、ムスダンなど準中距離（MRBM、射程1000〜3000km）、中距離（IRBM、射程3000〜5500km）、長距離（ICBM、射程5500km超）**の一部は実戦配備されていると見られます。北朝鮮から発射されたミサイルは約10分で沖縄上空を通過したこともあり、日本海沿岸部には5、6分程度で到達すると考えられています。日本は防衛戦略として迎撃システムを日本海側に配備しておく必要があると考えます。

対北朝鮮戦略

核兵器依存の国防体制を転換し、地球上のどこへでもアメリカから1時間以内に到達できる新世代の攻撃システムを配備したい

オバマ大統領

これまで200億ドル近い予算が投じられたとされる

朝鮮民主主義人民共和国（北朝鮮）

アメリカの国防情報局は核弾頭保有総数を最大60発と見積もっている（2023年現在）

地上発射弾道ミサイル

準中距離 (MRBM)	中距離 (IRBM)	長距離 (ICBM)

一部は実戦配備されていると見られる

▶ 16 軍民両用技術としてのGPS

人工衛星による
リアルタイムウォー①

今、世界は雲の動きなどを調べて天気予報などに役立てられる気象衛星や、遠くの地域と通信をするために使われる通信衛星など日常生活の多くをこれらの人工衛星に頼っています。世界で行われている戦争もこの人工衛星を使った情報が駆使されています。

日本でも有名なものにGPSがありますが、**GPSとはGlobal Positioning Systemの略で、人工衛星を利用して自分の位置を特定するためのシステムのこと**です。カー・ナビゲーション・システム（カーナビ）やスマートフォンに搭載されて、今では誰もが利用していますが、このGPSの持ち主はアメリカ国防総省で、1978年に軍事利用を目的につくられました。現在、地球の周りにはGPS用の衛星が24機飛んでおり、これらの衛星から信号を受信して、周波数や波形、信号を受信するまでにかかった時間をもとに距離を計算して自分のいる場所の緯度と経度、高さを特定するのです。軍事利用を目的に開発されたGPSですが、その後、民間に利用が開放されました。

例えばアメリカの**人工衛星通信会社ホークアイ360（HawkEye 360）**は、人工衛星を使用して、軍事および民間のナビゲーションを脅かす可能性のある干渉を監視しています。同社のサービスは、空路、金融、輸送、通信などを麻痺させる恐れがあるGPS干渉を検出して、どこで通信の混乱が起きているか地理情報から割り出し、紛争の舞台を特定します。他にもアメリカの宇宙企業**マクサー・テクノロジーズ（Maxar Technologies）**は、宇宙から解像度30センチまで見ることができる衛星写真によってロシア軍の動きをいち早く察知し、ウクライナ政府に情報を提供しています。戦争に勝つためには衛星情報が欠かせないのです。

30秒でわかる! ポイント

人工衛星の軍事活用

GPS:人工衛星を利用して自分の位置を特定するサービス

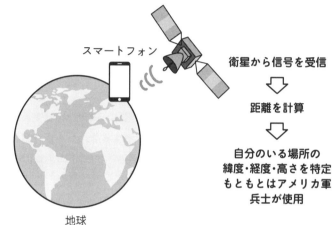

スマートフォン

衛星から信号を受信

⇩

距離を計算

⇩

自分のいる場所の
緯度・経度・高さを特定
もともとはアメリカ軍
兵士が使用

地球

ペンタゴン

GPS用の衛星を24機保有

アメリカ国防総省

1978年、軍事利用を目的につくられる

➡ その後、民間に利用が開放された

▶ 17　なぜアメリカ軍が最強の理由

人工衛星による
リアルタイムウォー②

　アメリカの軍事力の強さは、先に説明した GPS を駆使して戦えるところにあります。湾岸戦争時の **「砂漠の嵐作戦」** では、イラクの防空システムを最初の 1 時間で破壊しました。赤外線探知装置とレーザー誘導爆弾（LGB）を搭載した航空機が地表に隠された戦車を 1 台ずつ見分けて攻撃し、1300 台の戦車を破壊して地上作戦に入りました。**「リアルタイム監視システム」** と **「精密爆撃能力」** を兼ね備えた**米軍**は、まさに最強といえます。米軍は他方でステルス技術を用い、敵のレーダーや赤外線から探知されにくくする取り組みも行っています。米空軍 B-2 爆撃機や F-22 戦闘機、また地上部隊が着るユニフォームまで電磁波を乱反射して敵の航空機から発見されにくくするようにしています。

　アメリカの **「宇宙の地政戦略」** の強さは、軍に限ったことではありません。**イーロン・マスク**が創業したスペース X（SpaceX）が行っている衛星による**インターネット通信スターリンク（Starlink）** は、通信インフラが破壊されても携帯型のパラボラアンテナを立てるだけでインターネットができる環境を提供します。高度 500 キロメートル程度の低い高度を回る衛星を使って通信網を構築した衛星通信サービスは世界中のどこでも通信可能をうたっています。ロシアはウクライナに侵攻後すぐに情報インフラの遮断を試みましたがウクライナのミハイロ・フェードロフ副首相兼デジタル化担当大臣は、イーロン・マスクにツイッター（現 X）で通信可能にするよう支援を要請し、10 時間半後にサービスが開始されました。これによって軍部のみならず市民間の通信も遮断されることなく、混乱を防ぐことができました。

スペースXとアメリカ軍

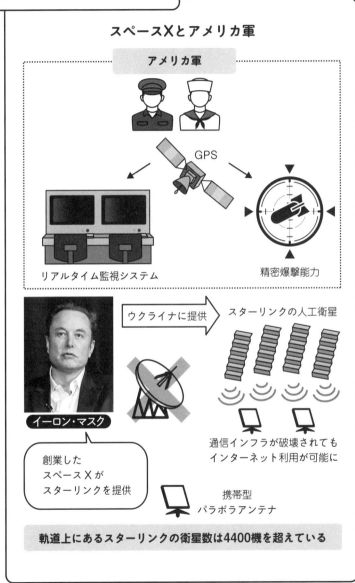

アメリカ軍

GPS

リアルタイム監視システム

精密爆撃能力

イーロン・マスク

ウクライナに提供

スターリンクの人工衛星

通信インフラが破壊されても
インターネット利用が可能に

創業した
スペースXが
スターリンクを提供

携帯型
パラボラアンテナ

軌道上にあるスターリンクの衛星数は4400機を超えている

▶ 18　多様化する諜報活動

市民を戦争から守る OSINT

ウクライナ危機では、世界中のデジタルネイティブと呼ばれるネットに詳しい若者たちが、NASA 提供の **FIRMS**（世界の火災発生場所がわかる地図システム）の情報を駆使してどこで戦闘が激しくなっているかをいち早く公開し市民の命を守る動きが広がるなど、インターネットを駆使した **OSINT（オシント）** の威力が注目されています。

オシントとは、**オープン・ソース・インテリジェンス（Open-Source Intelligence）** のことで、**「合法的に入手できる資料」** を調べて突き合わせる手法であり、1980年代から諜報活動で用いられるようになっています。現在のインターネット時代では、様々な情報を市民が直接入手できることから、戦争に勝利するためには、このオシントを味方につけることができるかも重要な鍵となります。

諜報活動の手法は他にもあります。**HUMINT（ヒューミント、Human Intelligence）とは、人を介した諜報を指します。** 外交官や駐在武官による活動をリーガル（Legal、合法）、身分を偽るなど違法な手段で不法に入国しての活動をイリーガル（Illegal、非合法）と呼びます。軍事機密、企業秘密などの取得を目指した活動もここに入ります。そのほか SIGINT（シギント、Signals Intelligence）とは、主に通信、電磁波、暗号等を傍受する諜報活動のことを指します。

ロシアによるウクライナ侵攻前からアメリカのバイデン大統領は、ロシアによるウクライナ侵攻が差し迫っていることをいち早くつかんでおり、侵攻の数日前からロシアが侵攻するはずだと述べていました。しかし誰も信じていませんでした。ウクライナのゼレンスキー大統領にも伝えたものの信じてもらえなかったといわれています。アメリカの突出したインテリジェンス能力がうかがい知れます。

様々な諜報活動

OSINT

「合法的に入手できる資料」による調査
= Open-Source Intelligence

HUMINT

人を介した諜報
= Human Intelligence

Legal（合法）	Illegal（非合法）

外交官　外交官

SIGINT

通信や電磁波、暗号等を傍受する諜報
= Signals Intelligence

▶ 19　世界を支配する軍需企業①

世界を守る？
世界を破壊する？

　ストックホルム国際平和研究所（SIPRI）のデータベースによると、2020年の世界最大の25の武器生産および軍事サービス会社による武器売上高は合計で3890億米ドルに達しました。2020年のトップ５の軍需企業がロッキード・マーチン、レイセオン、ボーイング、ノースロップ・グラマン、ゼネラル・ダイナミクスで、全てアメリカが拠点です。これら５社合わせて、年間の武器販売額で1834億ドルを記録しました。これらの軍需企業は政治家への献金も上位に入ります。**2020年の売上高上位25社には合計12社のアメリカ企業が含まれており、上位25社の合計武器売上高の61.9%**を占めています。

　上位25社には、中国企業５社も含まれています。トップ10には、中国北方工業集団公司（NORINCO：７位）、中国航空工業集団公司（AVIC：８位）、中国電子科技集団公司（CETC：９位）の３社がランクインしました。中国航天科工集団公司（CASIC：12位）、中国南方工業集団公司（CSGC; 20位）を含む**上位25社の中国企業５社の年間武器販売額は、2020年668億ドル**に達し、上位25社の**合計武器売上高の17.2%**を占めています。SIPRIによると25社が総輸出量の99%を占め、５ヵ国（アメリカ、ロシア、フランス、中国、ドイツ）が総輸出量の77%を占めました。

　軍、工業、政府、議会などが密接に連携して戦争に関わり利益を上げる「軍産複合体」は、莫大な予算があること、政府による強力なバックアップがあること、優秀な人員を集められることなどから人工衛星やインターネット技術、無人飛行機など新技術を生み出してきました。戦場を見渡す、通信を傍受されない、自国兵士の犠牲者を最小にする、などがそもそもの目的でした。

30 秒でわかる！ ポイント

世界の軍事事情

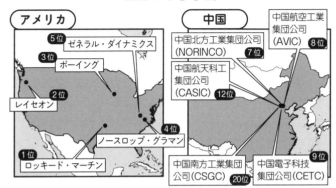

アメリカ

- 5位 ゼネラル・ダイナミクス
- 3位 ボーイング
- 2位 レイセオン
- 4位 ノースロップ・グラマン
- 1位 ロッキード・マーチン

これら5社の年間武器販売額は
1834億ドル(2020年)

中国

- 中国北方工業集団公司 (NORINCO) 7位
- 中国航天科工集団公司 (CASIC) 12位
- 中国航空工業集団公司 (AVIC) 8位
- 中国南方工業集団公司 (CSGC) 20位
- 中国電子科技集団公司 (CETC) 9位

これら5社の年間武器販売額は
668億ドル(2020年)

世界上位15ヵ国の軍事費

順位 2023	順位 2022	国家	軍事費 2023年 (10億ドル)	変化 2022-23 (%)	GDPに占める割合(%) 2023	GDPに占める割合(%) 2014	世界シェア(%) 2023
1	1	アメリカ	916.0	2.3	3.4	3.7	37
2	2	中国	[296.0]	6.0	[1.7]	[1.7]	[12.0]
3	3	ロシア	[109.0]	24.0	[5.9]	[4.1]	[4.5]
4	4	インド	83.6	4.2	2.4	2.5	3.4
5	5	サウジアラビア	[75.8]	4.3	[7.1]	[11.0]	[3.1]
6	6	イギリス	74.9	7.9	2.3	2.2	3.1
7	7	ドイツ	66.8	9.0	1.5	1.1	2.7
8	11	ウクライナ	64.8	51.0	37.0	3.0	2.7
9	8	フランス	61.3	6.5	2.1	1.9	2.5
10	9	日本	50.2	11.0	1.2	1.0	2.1
11	10	韓国	47.9	1.1	2.8	2.5	2.0
12	12	イタリア	27.5	−5.9	1.6	1.3	1.5
13	13	オーストラリア	32.3	−1.5	1.9	1.8	1.3
14	19	ポーランド	31.6	75.0	3.8	1.9	1.3
15	15	イスラエル	27.5	24.0	5.3	5.6	1.1
計			1974				
全世界計	2443		2443	6.8	2.3	2.4	100

出所：SIPRI Fact Sheet April 2024 から筆者作成。[ ] は、SIPRI 推計。

▶ 20　世界を支配する軍需企業②
民間軍事会社の正体

存在感を増す
民間企業②

　近年、民間の軍事会社の活動も活発化しています。**アメリカのブラックウォーターやロシアのワグネル・グループが有名**です。特に2014年、ロシアによるウクライナ南部クリミア半島併合や同国東部紛争を機に創設されたワグネルはロシアのウクライナ侵攻に伴う破壊活動で有名になりましたが、シリアのアサド政権（親ロシア）に反対する勢力への攻撃や捕虜に対する拷問でその残忍さは以前から知られていました。その他にもこれまでリビア、スーダン、中央アフリカ、マリなどでロシア政府の意を受けて破壊工作や親ロシア派への支援工作を行ってきました。アメリカ政府はウクライナに同社から約5万人が戦闘のために派遣されていると見なしていて重要国際犯罪組織に指定しています。

　ところで国際紛争に関わった民間の軍事会社で最初に有名になったのは、**1997年にアメリカ海軍特殊部隊SEALsを退役したアル・クラークとエリック・プリンスにより創設されたブラックウォーター**でした。イラク戦争に社員（戦闘員）が派遣され巨額の収益を得ましたが、2007年にイラク市民の虐殺が発覚して国際問題になり、アメリカ政府からも信用を失って同じく民間の軍事会社トリプル・キャノピーと合併、複合防衛コンサルティング会社のコンステリス（Constellis）に近年買収されました。コンステリスのファミリーの企業は、トリプル・キャノピーの他、Olive Group、The Development Initiative などの業界リーダーのグローバル企業に加え、Centerra、ACADEMI、AMK9、OMNIPLEX、Strategic Social などで、2023年の売上は14億ドル、世界50ヵ国以上で活動し、1万4000人が派遣され、60件以上のミッション成功を果たしたとされています。

アメリカの民間軍事会社とは？

 ワグネル

- 2014 年、ロシアによるウクライナ南部クリミア半島併合や同国東部紛争を機に創設
- シリアのアサド政権（親ロシア）の反対勢力への攻撃や捕虜への拷問などが知られる
- ロシアのウクライナ侵攻時の破壊活動で一躍有名に

 アメリカ政府はワグネルから約 5 万人が戦闘に派遣されていると見なし重要国際犯罪組織に指定

 ブラックウォーター

合併

 トリプル・キャノピー

アメリカの民間軍事会社

- 1997 年にアメリカ海軍特殊部隊 SEALs を退役したアル・クラークとエリック・プリンスにより創設
- 2007 年にイラク市民の虐殺が発覚して国際問題に
- アメリカ政府からも信用を失う

買収

 コンステリス

- アメリカの複合コンサルティング企業
- ファミリーの企業の 2023 年の売上は 14 億ドル
- 世界 50 ヵ国以上で活動、1 万 4000 人が派遣され、60 件以上のミッション成功

6

世界の紛争と経済戦争の地政学

半導体戦争

存在感を増す
民間企業 ③

　2019年5月、次世代通信規格「5G」の設備を通したスパイ行為があるとし、アメリカは中国の**華為技術（ファーウェイ）への輸出入を禁止**しました。創業者のレン・ジンフェイはかつて人民解放軍に所属していたことから諜報機関との関係も疑われたようです。21年12月期決算の売上高は6368億元（約12兆4000億円）で、次世代通信規格「5G」で先行し、**スマートフォンでは世界2位、特許の国際出願件数は世界トップを占める**など、中国のハイテク企業の代表です。ですが、多くのアメリカのファブレス企業と同じように開発や設計に特化し、生産を台湾積体電路製造（TSMC）に委託しています。現在、半導体デバイス（半導体チップ）を生産する工場（ファウンドリー）は、TSMCの他、UMC、力昌（PSMC、パワーチップ）、バンガードを加えると台湾勢が世界の約66%を占めます。

　今や世界中の電子製品・機械・自動車・情報インフラに欠かせない部品が**半導体**であり、航空機・ミサイル・迎撃システムをはじめとする軍事物資にも使われる戦略物資です。このためアメリカは台湾を中国から守ろうとしているのです。韓国も同様にアメリカが安全保障を保証しているのはIBM、画像処理大手のNVIDIA（エヌビディア）等を顧客に持つサムソン電子があるからだといっても過言ではありません。なお、半導体製造に関して設計ソフトはアメリカが約96%を、要素回路ライセンスは約52%のシェアを確保していてアメリカ企業が支配的です。**日本はウェハー（半導体基板になる薄い板）では57%ほどのシェアを持ちます**が残念ながらその他のシェアは、**最終製品（半導体チップ）に10%程度**を持つのみです。

30秒でわかる! ポイント

半導体争奪戦

半導体

- 世界中の電子製品・機械・自動車・情報インフラに欠かせない部品
- 航空機・ミサイル・迎撃システムなど軍事物資にも使われる戦略物資

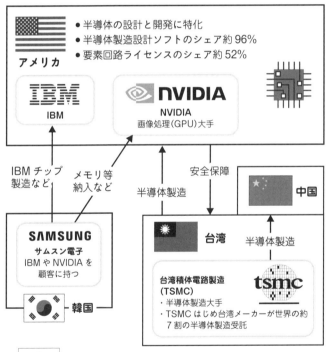

🇺🇸 **アメリカ**
- 半導体の設計と開発に特化
- 半導体製造設計ソフトのシェア約96%
- 要素回路ライセンスのシェア約52%

IBM

NVIDIA
画像処理(GPU)大手

IBMチップ製造など

メモリ等納入など

半導体製造

安全保障

🇨🇳 **中国**

SAMSUNG
サムスン電子
IBMやNVIDIAを顧客に持つ

🇰🇷 **韓国**

🇹🇼 **台湾**

半導体製造

台湾積体電路製造 (TSMC)
・半導体製造大手
・TSMCはじめ台湾メーカーが世界の約7割の半導体製造受託

tsmc

🇯🇵 **日本**
・ウェハー(半導体基板になる薄い板)のシェア約57%
・最終製品(半導体チップ)のシェア10%程度

▶ 22　米IT企業による世界支配

情報社会を制覇する GAFAM

　国家よりも力のある巨大企業は数多ありますが、**強大な資金力・技術力・情報力・知能を有し世界全体に大きな影響力を持つ「超企業群」がGAFAM** です。GAFAMとは、売上・利用者数が桁違いの規模を誇るグローバルIT企業5社（Google・Apple・Facebook・Amazon・Microsoft）を総称する造語です。**5社の時価総額は2020年のデータで約10兆700億ドル（約1500兆円）** に達し、世界の多くの国においてすでに社会インフラとして欠かすことのできない存在になっています。Googleは検索エンジンで、Appleはスマートフォンやタブレット端末などデジタルデバイスで、Meta（旧Facebook）はSNSで、Amazonは通販サイトで、Microsoftはパソコンのオペレーティングシステム（OS）でそれぞれ世界トップシェアを誇ります。GAFAM5社に共通しているのは、広く社会に浸透しプラットフォーム企業としての地位を確立している点です。こうしたプラットフォーマーはその圧倒的な開発力と資金力で市場の大部分を支配し、もはや私たちの生活になくてはならないインフラの一部となるのです。そしてデータを独占しメリットを受けます。GAFAM5社の時価総額を国別GDPと比較した場合、1位アメリカ・2位中国に次いで、日本やドイツ、イギリスを優に超える規模となっています。

　世界の大企業の最上位は、Apple、Microsoft、アルファベット（Googleの持株会社）、Amazon、Metaという「ITビッグ5」、すなわちアメリカで起業し、国際的に展開しているIT関連の巨人企業5社、電気自動車のテスラなどアメリカ企業が上位を占めます。これもアメリカの覇権の証拠です。

世界を牛耳るGAFAM

GAFAM

世界全体に大きな影響力を持つ
グローバルIT企業5社の「超企業群」

Google
検索エンジンでトップ

Apple
iPhone、iPadなどスマート
フォンやタブレット端末で
トップ、パソコンMac

Meta(旧Facebook)
SNS(Facebook)でトップ

Amazon
通販サイトトップ、AWS
(アマゾン・ウェブ・サービス)

Microsoft
パソコンOS(Windows)トッ
プ、ChatGPTなど

5社の時価総額は約10兆700億ドル(約1500兆円)
(2020年のデータで)

国別GDP 1位アメリカ、2位中国に次ぎ、日本やドイツ、
イギリスを優に超える規模

→ すでに世界の社会インフラとして不可欠な存在に

6

世界の紛争と経済戦争の地政学

アメリカが主導する 金融制裁

金融面でも 覇権を取る アメリカ

経済制裁とは「国際法規範に違反した国や個人・団体、または国際的に約束された義務の不履行国に対して他の国家や国際連合によって行われる経済的な力による対抗措置」と定義されます。そこでは輸出入の禁止、資産の凍結・没収、渡航の制限、航空機の相互乗り入れ禁止等が含まれます。スポーツ交流や文化交流も禁止される場合があります。

この経済制裁には、一般に安全保障理事会決議等に基づく場合と主にアメリカによる単独決定に基づく場合とがあります。1966年以来、安全保障理事会は26の制裁を実施しています。ところが制裁を実施すると関係のない一般市民の生活が脅かされ、薬なども手に入らなくなります。そのため1990年代後半からは、一般市民ではなく権力の座にある政権指導部や関係企業幹部を狙った金融制裁を中心とする**スマート・サンクション**」と呼ばれる手法が模索されるようになりました。これを主導しているのがアメリカです。アメリカは、自国通貨ドルが基軸通貨として事実上「世界通貨」の機能を果たしていることから、ドル取引をアメリカの銀行、すなわち**コルレス銀行の業務を通じて監視**しているのです。アメリカ財務省は、国内で営業する全金融機関および企業に対し制裁対象との取引をした場合、資産凍結や免許停止など極めて強力な制裁を科すことができます。また**国際銀行間通信協会（SWIFT）**の通信システムから排除して実質的に決済を不可能にします。アメリカと取引がある企業（おそらくほとんどの国際的な大企業）は、大打撃になります。こうして**アメリカは金融面でも世界を監視している**のです。

アメリカ主導の金融制裁

スマート・サンクション

- 1990年代後半から主にアメリカで行われる
- 権力の座にある政権指導部や関係企業幹部を狙った金融制裁中心の制裁

アメリカは金融面でも世界を監視

- 自国通貨のドルが基軸通貨。「世界通貨」として機能
- アメリカ銀行の「コルレス銀行の業務」を通じドル取引を監視
- 国内営業の全金融機関と企業に対し、制裁対象と取引すればアメリカ財務省が資産凍結や免許停止

→極めて強力な制裁を科すことが可能

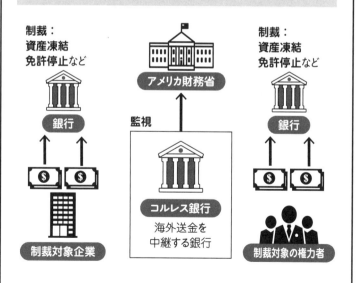

制裁：
資産凍結
免許停止など

銀行

アメリカ財務省

監視

コルレス銀行
海外送金を
中継する銀行

制裁対象企業

制裁：
資産凍結
免許停止など

銀行

制裁対象の権力者

6

世界の紛争と経済戦争の地政学

▶ 24　医薬品企業の地政学的意味

ウイルス戦争と
医薬品供給を支配する
超企業の出現

　新型コロナウイルスによる Covid-19（23年12月までの累積死者数
640万人）は、世界経済と社会を麻痺させました。世界は軍事兵器に
よる戦争に加えて対ウイルス戦争にも備える必要があります。アメリ
カでは、9.11同時多発テロ事件の 1 週間後の2001年 9 月18日と10月 9
日に炭疽菌事件が起きています。以来、**バイオシールド法**を制定し、
**500億ドル以上が生物兵器の脅威に対処するための防衛用医薬品の研
究と開発・入手に充当**されてきました。コロナウイルスの出どころは
未だに議論が続いていますが、その意味で**米中両国では生物兵器や化
学兵器の開発が今後より一層重要視されていく**と考えられます。

　また、コロナ問題で明らかになったことがもう一つあります。**医
薬品の超企業であるファイザーやモデルナ、アストラゼネカが持つ技
術力・開発能力は極めて大きな地政学的意味を持つ**ということです。
ワクチンを供給するかしないかで人間の命を左右するのみならず、国
家の地位を高める極めて大きな外交戦略となりました。今後は、抗ウ
イルス薬などの開発という医療分野の発展から、ICT のさらなる発
展を伴った AI によるゲノム解析や遠隔操作の技術まで、最先端の技
術開発ができる超企業体が出現し、国家以上の力を発揮することにな
るかもしれません。実際、日本はワクチンをつくれず、当時安倍首相
はファイザーの会長を国賓のようにもてなしました。国家が超企業に
跪（ひざまず）いたのです。ロシアもインドも中国もワクチンを作製し自国のみ
ならず世界に供給して味方を増やしました。ワクチンをつくる技術も
資本もない国は、地政学的にも高い地位を占めることができないので
す。

30 秒でわかる！ ポイント

ウイルス戦争と医薬品競争

コロナウイルス戦争

- Covid-19（23年12月までの累積死者数640万人）によって、世界経済と社会は麻痺
- 医薬品の超企業ファイザー、モデルナ、アストラゼネカの技術力・開発能力が極めて大きな地政学的意味を持つように
- ワクチンは、人命を左右するのみならず、国家の地位を高める極めて大きな外交戦略の切り札に
- ロシア、インド、中国もワクチンを作製。自国のみならず世界に供給。地政学的な地位を高めることに成功

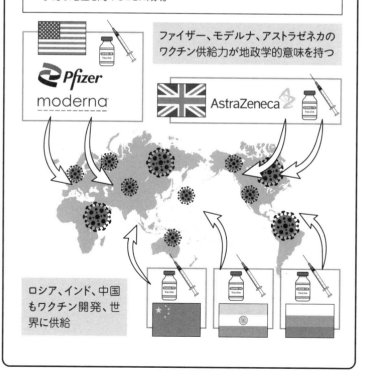

ファイザー、モデルナ、アストラゼネカの
ワクチン供給力が地政学的意味を持つ

ロシア、インド、中国
もワクチン開発、世
界に供給

おわりに

　本書は、世界秩序を構築してきたイギリス、アメリカ、そして今後、世界の中心になると考えられる中国とアジアに注目して、これまでの歴史や現在世界で起きている紛争、そして覇権のダイナミクスを歴史的・空間的に認識できるように地政学的観点から諸問題を論じてきました。

　世界は今後、これまで「大西洋の時代」から「太平洋の時代」、そして「アジアの時代」になることは間違いないと思います。中国、インド、インドネシアなどアジア諸国だけで世界人口の半分近くを占めます。またGDPでも3分の1以上を占めるようになるだろうといわれています。技術力もあり、教育レベルも高く、何よりも若者が多いアジアが今後の世界の行く末の鍵を握ることは間違いありません。

　日本は、アジアで絶対に戦争を起こしてはならないということを誓いに立てて、今後も行動していくべきです。それは過去の過ちを絶対に繰り返さない、ということでもあります。かつて「脱亜入欧」を唱えて文化や歴史も大きく異なる遠くの友人を探したこともありましたが、まずは多少の相違はあれども「価値観」や「利益」、そして何よりも「風土」や「文化」を共有する中国と韓国という隣人を敬い、「連亜連欧」（敬愛する国際政治経済学者・進藤榮一筑波大学名誉教授）のスタンスで近隣の国々と未来を構築していくべきだと考えます。国家は未来永劫そこから引っ越しをすることはできないのです。

　これからの未来は皆さんにかかっているといっても過言ではありません。是非、一人でも多くの信頼できる友人を中国や韓国、どこの国でも良いのでつくってください。私にも中国と韓国に一人ずつ信頼し、尊敬する長年の友人がいます。政治が錯綜していても、友人との信頼関係があれば、動じることはありません。何よりも自分の目で近隣の国の真の姿を見ることができるようになります。皆さんの未来をつくる力、そして未来を見通す力に大いに期待しています。私も引き

続き微力ながら国際平和のために力を尽くしたいと考えています。

　最後になりましたが、本書執筆を依頼くださり、編集を担当いただいた大賀愛理沙さんに大変お世話になりました。まとめていく過程でご心配をおかけしましたが最後まで信頼を寄せてくださいました。この場を借りてお礼を申し上げたく思います。

2024年3月
研究滞在先の韓国・ソウル大学にて

福富　満久

読書案内

※日本語訳になっている場合は翻訳版を掲載。原典を読むことができればなお良い。

麻田貞雄編・訳『マハン海上権力論集』講談社学術文庫、2010 年

ダロン・アセモグル、ジェイムズ・A・ロビンソン『国家はなぜ衰退するのか―権力・繁栄・貧困の起源』鬼澤忍訳、早川書房、2013 年

安達宏昭『大東亜共栄圏―帝国日本のアジア支配構想』中公新書、2022 年

ベネディクト・アンダーソン『定本 想像の共同体―ナショナリズムの起源と流行』白石隆・白石さや訳、書籍工房早山、2007 年

猪木正道『軍国日本の興亡―日清戦争から日中戦争へ』中公新書、1995 年

ケネス・ウォルツ『国際政治の理論』河野勝・岡垣知子訳、勁草書房、2010 年

マイケル・ウォルツァー『正しい戦争と不正な戦争』萩原能久監訳、風行社、2008 年

マイケル・ウォルツァー『戦争を論ずる―正戦のモラル・リアリティ』駒村圭吾・鈴木正彦・松元雅和訳、風行社、2008 年

Michael R. Auslin, Asia's New Geopolitics: Essays on Reshaping the Indo-Pacific, Hoover Institution Press, 2020

スティーヴン・M・ウォルト『米国世界戦略の核心―世界は「アメリカン・パワー」を制御できるか?』奥山真司訳、五月書房、2008 年

E・H・カー『危機の二十年―理想と現実』原彬久訳、岩波文庫、2011 年

クラウゼヴィッツ『戦争論』篠田英雄訳、岩波文庫、1968 年

コリン・S・グレイ、ジェフリー・スローン編著『地政学－地理と戦略』奥山真司訳、五月書房新社、2021 年

アルフレッド・W・クロスビー『ヨーロッパの帝国主義－生態学的視点から歴史を見る』佐々木昭夫訳、ちくま学芸文庫、2017 年

ポール・ケネディ『大国の興亡―1500 年から 2000 までの経済の変遷と軍事闘争』鈴木主税訳、草思社、1988 年

ポール・コリアー『民主主義がアフリカ経済を殺す―最底辺の 10 億人の国々で起きている真実』甘糟智子訳、日経 BP、2010 年

Saul Bernard Cohen, Geopolitics: The Geography of International Relations, Rowman & Littlefield Pub Inc, 2014

進藤榮一『日本の戦略力―同盟の流儀とは何か』筑摩選書、2022 年

進藤榮一『東アジア共同体をどうつくるか』ちくま新書、2007 年

ティモシー・スナイダー『ブラッドランド―ヒトラーとスターリン 大虐殺の真実』布施由紀子訳、ちくま学芸文庫、2022 年

ニコラス・スパイクマン『スパイクマン地政学－世界政治と米国の戦略』渡邉公太訳、芙蓉書房出版、2017 年

グレゴリー・ザッカーマン『シェール革命―夢想家と呼ばれた企業家たちはいかにして地政学的変化を引き起こしたか』山田美明訳、楽工社、2022 年

竹田いさみ『海の地政学－覇権をめぐる 400 年史』中公新書、2019 年

ジャレド・ダイアモンド『銃・病原菌・鉄――万三〇〇〇年にわたる人類史の謎』倉骨彰訳、草思社、2000 年

土山實男『安全保障の国際政治学－焦りと傲り』有斐閣、2004 年

エマニュエル・トッド『世界の多様性―家族構造と近代性』萩野文隆訳、藤原書店、2008 年

エマニュエル・トッド『帝国以後―アメリカ・システムの崩壊』石崎晴己訳、藤原書店、2003 年

エマニュエル・トッド『「ドイツ帝国」が世界を破滅させる―日本人への警告』堀茂樹訳、文春新書、2015 年

エマニュエル・トッド『第三次世界大戦はもう始まっている』大野舞訳、文春新書、2022 年

ジョセフ・S・ナイ『国際紛争―理論と歴史』田中明彦・村田晃嗣訳、有斐閣、2002 年

Bertrand Badie, Les Puissances mondialisées: Repenser la sécurité internationale, Odile Jacob, 2021

Bertrand Badie, Inter-socialités. Le monde n'est plus géopolitique, CNRS, 2020

Bertrand Badie, L'hégémonie contestée: Les nouvelles formes de domination internationale, Odile Jacob, 2019

Bertrand Badie, Nouveaux mondes, CNRS, 2012

ベルトランド・バディ『蔑まれし者たちの時代―現代国際関係の病理』福富満久訳、東信堂、2024 年

福富満久編著『新・国際平和論―対峙する理性とヘゲモニー』ミネルヴァ書房、2023 年

福富満久『戦火の欧州・中東関係史―収奪と報復の 200 年』東洋経済新報社、2018 年

福富満久『G ゼロ時代のエネルギー地政学―シェール革命と米国の新秩序構想』岩波書店、2015 年

福富満久『岩波テキストブックス　国際平和論』岩波書店、2014 年

Mitsuhisa Fukutomi, Oil or geopolitical issues? : Quantitative rethinking of political instability in the Middle East and North Africa, GeoJournal, Vol 89, 2024

Mitsuhisa Fukutomi, Could humanitarian intervention fuel the conflict instead of ending it?, International Politics, Vol 59, Springer, 2021

ローレンス・フリードマン『戦略の世界史―戦争・政治・ビジネス』貫

井佳子訳、日本経済新聞出版、2021 年

アーロン・L・フリードバーグ『支配への競争－米中対立の構図とアジア
　の将来』佐橋亮監訳、日本評論社、2013 年

ハビアー・ブラス、ジャック・ファーキー『THE WORLD FOR
　SALE―世界を動かすコモディティー・ビジネスの興亡』松本剛史
　訳、日本経済新聞出版、 2022 年

イアン・ブレマー『「Gゼロ」後の世界―主導国なき時代の勝者はだれ
　か』北沢格訳、日本経済新聞出版、2012 年

イアン・ブレマー『対立の世紀－グローバリズムの破綻』奥村準訳 日
　本経済新聞出版、2018 年

ポール・ポースト『戦争の経済学』山形浩生訳、バジリコ、2007 年

ハルフォード・J・マッキンダー『マッキンダーの地政学―デモクラシー
　の理想と現実』曽村保信訳、原書房、2008 年

ティム・マーシャル『恐怖の地政学―地図と地形でわかる戦争・紛争の
　構図』甲斐理恵子訳、さくら舎、2016 年

Tim Marshall, The Power of Geography: Ten Maps That Re-
　veal the Future of Our World, Elliott & Thompson Limited,
　2021

Tim Marshall, The Future of Geography: How Power and Poli-
　tics in Space Will Change Our World, Elliott & Thompson
　Limited, 2023

ジョン・J・ミアシャイマー『大国政治の悲劇 －米中は必ず衝突する!』
　奥山真司訳、五月書房、2007 年

山口定『ファシズム』岩波現代文庫、2006 年

吉村祥子編著『国連の金融制裁－法と実務』東信堂、2018 年

B・H・リデルハート『戦略論－間接的アプローチ』市川良一訳、原書
　房、2010 年

ティム・ワイナー『CIA 秘録』藤田博司、山田侑平・佐藤信行訳、文
　藝春秋、2008 年

Daniel Woodley, Globalization and Capitalist Geopolitics: Sovereignty and state power in a multipolar world: Rethinking Globalizations, Routledge, 2015

Nicholas J. Wheeler, Saving Strangers: Humanitarian Intervention in International Society, Oxford University Press, 2000

新藤榮一『現代国際関係学―歴史・思想・理論』有斐閣、2001 年

福富満久『中東・北アフリカの体制崩壊と民主化』岩波書店、2011 年

著者プロフィール

福富満久 （ふくとみ・みつひさ）

一橋大学大学院社会学研究科教授。英国王立地理学会フェロー（FRGS）。

1972年生まれ。早稲田大学政治経済学部政治学科卒、2009年パリ政治学院Ph.D.（国際関係学）、2010年早稲田大学博士（政治学）。12年4月より一橋大学大学院社会学研究科准教授を経て15年4月より現職。この間、ロンドン大学キングス・カレッジ戦争学研究科シニア・リサーチフェローなどを兼務。

主な著書に『新・国際平和論』（編著、ミネルヴァ書房）、『国際平和論』（岩波書店）、『戦火の欧州・中東関係史』（東洋経済新報社）など。

装丁 二ノ宮匡（ニクスインク）
図版・DTP 次葉
編集 大賀愛理沙（KADOKAWA）

大学4年間の地政学が10時間でざっと学べる

2024年5月27日　初版発行
2024年8月5日　再版発行

著者／福富 満久

発行者／山下 直久

発行／株式会社KADOKAWA
〒102-8177　東京都千代田区富士見2-13-3
電話 0570-002-301（ナビダイヤル）

印刷所／TOPPANクロレ株式会社
製本所／TOPPANクロレ株式会社

©Mitsuhisa Fukutomi 2024 Printed in Japan
ISBN 978-4-04-606742-5　C0031

株価、為替、経済全体の動きがつかめる!

大学4年間の
金融学が
10時間で
ざっと学べる

東京大学
名誉教授 植田和男

なぜインフレは
急に起きたのか?

大学4年間の金融学が10時間でざっと学べる
(KADOKAWA)
978-4-04-601958-5　C0033

戦争は大国のパワーバランスの変化で起きている?

大学4年間の
国際政治学が
10時間で
学べる

小原雅博

東大で教わる!
世界を動かす
政治の仕組みがわかる!

大学4年間の国際政治学が10時間でざっと学べる
（KADOKAWA）
978-4-04-604620-8 C0030

宗教学はグローバル時代の必須教養!

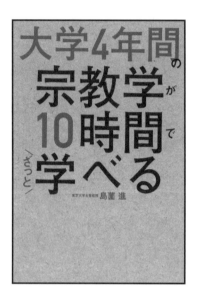

大学4年間の
宗教学が
10時間で
ざっと
学べる

東京大学名誉教授 島薗 進

宗教が抑圧や戦争と
結びつきがちなのは、なぜか？

大学4年間の宗教学が10時間でざっと学べる
（KADOKAWA）
978-4-04-604124-1 C0030